Cultura e clima organizacional:
compreendendo a essência das organizações

Cultura e clima organizacional:
compreendendo a essência das organizações

Carla Patricia da Silva Souza

inter saberes

Rua Clara Vendramin, 58 . Mossunguê
CEP 81200-170 . Curitiba . PR . Brasil
Fone: (41) 2106-4170
www.intersaberes.com
editora@intersaberes.com

conselho editorial . Dr. Alexandre Coutinho Pagliarini
Dr.ª Elena Godoy
Dr. Neri dos Santos
Dr. Ulf Gregor Baranow

editora-chefe . Lindsay Azambuja

gerente editorial . Ariadne Nunes Wenger

assistente editorial . Daniela Viroli Pereira Pinto

capa e projeto gráfico . Mayra Yoshizawa

Dados Internacionais de Catalogação na Publicação (CIP)
(Câmara Brasileira do Livro, SP, Brasil)

Souza, Carla Patricia da Silva
 Cultura e clima organizacional: compreendendo a
essência das organizações/Carla Patricia da Silva Souza.
Curitiba: InterSaberes, 2014.
 Bibliografia.
 ISBN 978-85-443-0006-0
 1. Administração de empresas 2. Cultura
organizacional I. Título.

14-04050   CDD-658.001

Índice para catálogo sistemático:
1. Cultura organizacional: Administração de empresas
658.001

1ª edição, 2014

Foi feito o depósito legal.

Informamos que é de inteira responsabilidade da autora a emissão de conceitos.

Nenhuma parte desta publicação poderá ser reproduzida por qualquer meio ou forma sem a prévia autorização da Editora InterSaberes.

A violação dos direitos autorais é crime estabelecido na Lei n. 9.610/1998 e punido pelo art. 184 do Código Penal.

Sumário

Apresentação 11
Como aproveitar ao máximo este livro 13

1. Cultura organizacional 17

   1.1 A importância da cultura organizacional 19
   1.2 Definições de cultura organizacional 20
   1.3 Níveis da cultura organizacional 22
   1.4 Funções da cultura organizacional 25
   1.5 Cultura dominante e subculturas 30
   1.6 Elementos da cultura organizacional 31

2. Cultura brasileira 39

   2.1 A influência das culturas nacionais
   nas organizações 41
   2.2 Origens da cultura brasileira 47
   2.3 A formação cultural brasileira 51
   2.4 Traços culturais brasileiros 53
   2.5 Traços culturais e gestão de pessoas
   nas organizações brasileiras 63

3. Mudança e cultura organizacional 71

   3.1 Mudança organizacional 73
   3.2 Processo de mudança organizacional 79

    3.3 Tipos de mudança 84
    3.4 Organizações voltadas para a mudança 85
    3.5 Mudança e cultura organizacional 88
    3.6 Consequências da mudança organizacional
    e reações à sua implantação 91

4. Clima organizacional 99

    4.1 Conceito de clima organizacional 101
    4.2 Cultura e clima organizacional 103
    4.3 Indicadores de clima organizacional 104
    4.4 Tipos de clima organizacional 124

5. Gestão do clima organizacional 131

    5.1 Por que avaliar o clima organizacional? 133
    5.2 Pesquisa de clima organizacional 134
    5.3 Estrutura dos instrumentos de pesquisa
    de clima organizacional 136
    5.4 Instrumentos de mensuração do clima
    organizacional 137
    5.5 Gestão do clima organizacional 139
    5.6 Recomendações para a pesquisa e a gestão
    do clima organizacional 147
    5.7 Alternativas para a mensuração
    do clima organizacional 149

Estudo de caso *157*
Para concluir... .... *159*
Referências *161*

Anexo A *169*
Anexo B..*173*
Anexo C *175*
Anexo D..*179*
Anexo E...*183*
Respostas..*189*
Sobre a autora *197*

Dedico este livro aos meus amados pais, Maria e Carlos, e ao meu marido, Douglas.

Vocês são minha dose diária de inspiração.

Apresentação

Com a obra *Cultura e clima organizacional: compreendendo a essência das organizações*, nosso objetivo é oferecer aos profissionais esclarecimentos sobre como as pessoas direcionam suas ações no ambiente organizacional e percebem seu trabalho. Assim, são contemplados os seguintes aspectos: cultura organizacional e elementos do comportamento individual e coletivo que a compõem; elementos formadores da cultura organizacional; papel da cultura organizacional e seu impacto sobre os resultados de uma organização; cultura organizacional e mudanças organizacionais; e técnicas de pesquisa em clima organizacional.

Para contemplar essas questões, a obra se divide em cinco capítulos.

No primeiro capítulo, trataremos da cultura organizacional como mantenedora da coesão social, de sua importância para a solução de problemas de integração interna e adaptação externa, dos níveis de interação da cultura organizacional, da presença de diferentes culturas (uma cultura dominante e várias subculturas) e dos elementos pelos quais a cultura é transmitida aos novos participantes e reforçada continuamente.

No segundo capítulo, apresentaremos a cultura nacional – com enfoque na cultura brasileira – como aspecto fundamental para a gestão de organizações. Além disso, enfocaremos as origens do povo brasileiro e de que forma os traços herdados de nossa herança cultural estão presentes em nosso dia a dia.

No terceito capítulo, veremos, além das características das organizações voltadas à mudança, que esta é uma regra nos dias atuais. Veremos também que a cultura organizacional é um componente dinâmico que pode passar pelo processo de mudança, a qual pode gerar impactos positivos e negativos para a organização e as pessoas.

Em seguida, no quarto capítulo, abordaremos o clima organizacional como o estado de espírito de uma organização, inter-relacionando-o com a cultura organizacional. Após esse ponto, analisaremos modelos de indicadores de pesquisa de clima que podem ser aplicados em organizações de diferentes contextos. Você será convidado a refletir sobre quais indicadores poderiam ser utilizados na organização em que trabalha.

Por fim, no quinto capítulo, versaremos sobre a gestão do clima organizacional, desde o processo de planejamento da pesquisa de clima até o monitoramento dos resultados do plano de ação. Você irá aprender a planejar e executar a pesquisa de clima organizacional, bem como a interpretar e a apresentar resultados.

Em cada capítulo, você terá ao seu dispor uma série de questões para revisão e reflexão do capítulo estudado (cujas respostas aparecem ao final do livro), as quais poderão auxiliá-lo na efetividade do processo de aprendizagem e na compreensão dos conteúdos.

Ao final do livro, você encontrará ainda uma lista das principais referências bibliográficas utilizadas para o aprofundamento dos assuntos que mais lhe interessarem.

Desejamos que este livro atenda às suas expectativas, de modo que você possa ter uma melhor compreensão da cultura e do clima organizacional como elementos constituintes da essência de uma organização.

Um abraço e boa leitura.

Como aproveitar ao máximo este livro

Este livro traz alguns recursos que visam enriquecer o seu aprendizado, facilitar a compreensão dos conteúdos e tornar a leitura mais dinâmica. São ferramentas projetadas de acordo com a natureza dos temas que vamos examinar. Veja a seguir como esses recursos se encontram distribuídos na obra.

Conteúdos do capítulo

- Importância do estudo da cultura organizacional.
- Definições de cultura organizacional.
- Manifestação da cultura organizacional.
- Cultura como solução para problemas organizacionais.
- Subculturas.
- Elementos da cultura.

Após o estudo deste capítulo, você será capaz de:

1. compreender a importância da cultura organizacional em suas atividades cotidianas;
2. entender como a cultura organizacional se manifesta nas organizações;
3. entender a cultura como forma de resolução de problemas de integração e sobrevivência organizacional;
4. compreender a cultura como mantenedora da coesão organizacional por meio da coexistência da cultura dominante e das subculturas;
5. identificar os elementos que caracterizam e transmitem a cultura das organizações.

Conteúdos do capítulo

Logo na abertura do capítulo, você fica conhecendo os conteúdos que nele serão abordados.

Após o estudo deste capítulo, você será capaz de:

Você também é informado a respeito das competências que irá desenvolver e dos conhecimentos que irá adquirir com o estudo do capítulo.

Questões para revisão

Com estas atividades, você tem a possibilidade de rever os principais conceitos analisados. Ao final do livro, a autora disponibiliza as respostas às questões, a fim de que você possa verificar como está sua aprendizagem.

Questões para reflexão

Nesta seção, a proposta é levá-lo a refletir criticamente sobre alguns assuntos e trocar ideias e experiências com seus pares.

Síntese

Estudamos, neste capítulo, que a cultura organizacional é fortemente influenciada pela cultura nacional. Isso impõe aos gestores o desafio de gerenciar levando em consideração tanto os valores organizacionais quanto os traços nacionais. Apresentamos também os principais traços culturais que fazem parte da cultura brasileira e a influência deles nas políticas de recursos humanos.

Questões para revisão

1. Em relação à cultura nacional, assinale (V) para as afirmativas verdadeiras e (F) para as falsas. Depois, assinale a alternativa que indica a sequência correta:
   ( ) A cultura organizacional carrega muito de nossa cultura nacional. Em razão disso, a compreensão de nossas raízes é um ponto crucial para o gerenciamento de nossas organizações.
   ( ) As organizações fazem parte de uma sociedade e, por isso, são partes de sua cultura.
   ( ) O contexto cultural influencia na configuração das relações de trabalho e no modo como os dirigentes gerenciam suas equipes, conduzindo-as para o alcance de seus objetivos.
   a) F, V, F.
   b) V, V, F.
   c) F, F, F.
   d) V, V, V.

   a) É normal existirem várias culturas dominantes e apenas uma subcultura.
   b) É normal existirem várias culturas dominantes e várias subculturas.
   c) Só pode exitir ou a cultura dominante ou a subcultura, uma vez que elas são mutuamente excludentes.
   d) A cultura dominante e as subculturas coexistem na organização.

4. A existência de várias subculturas afeta a cultura dominante da organização?

5. Uma das funções da cultura organizacional é promover a coesão social na organização. Com base nessa informação, indique o papel do fundador na cultura organizacional.

Questões para reflexão

1. Reflita sobre como a cultura pode ser transmitida para os novos membros da organização.
2. Reflita sobre os papéis da cultura organizacional.
3. Como os fundadores influenciam a cultura das organizações?
4. Apresente exemplos de organizações claramente compostas por uma cultura dominante e subculturas.
5. Reflita e aponte ao menos um rito que você identifica na empresa em que trabalha ou trabalhou.

Para saber mais

Você pode consultar as obras indicadas nesta seção para aprofundar sua aprendizagem.

2. Aponte as consequências de um clima organizacional favorável.
3. Indique as consequências de um clima organizacional desfavorável.
4. Avalie o que representa o clima organizacional neutro.
5. Com base nos 15 modelos de indicadores de clima organizacional apresentados neste capítulo, construa um modelo que seja adequado à organização em que você trabalha.

Para saber mais

Para conhecer as etapas da maior pesquisa de clima organizacional realizada no Brasil, confira o texto disponível no *link* a seguir:

AS MELHORES empresas para você trabalhar 2014. Exame, São Paulo, 2014. Disponível em: <http://exame.abril.com.br/revista-voce-sa/melhores-empresas-para-trabalhar/inscricoes/2014/etapas-da-pesquisa.shtml>. Acesso em: 14 maio 2014.

Estudo de caso

Esta seção traz ao seu conhecimento situações que vão aproximar os conteúdos estudados de sua prática profissional.

Estudo de caso

A empresa multinacional japonesa Utiyama nomeou Douglas para trabalhar em sua filial brasileira. Sua função principal era tornar a cultura organizacional da filial idêntica à da matriz, mantendo o clima organizacional favorável. Assim que Douglas chegou ao Brasil, sofreu um forte impacto, devido às diferenças na forma como os brasileiros realizavam suas atividades e se relacionavam no ambiente de trabalho.

A implantação da cultura da matriz japonesa na filial brasileira sofreu muitas resistências, pois era totalmente diferente da cultura nacional. Os funcionários demonstravam profunda insatisfação com as mudanças e demonstravam-se impotentes, pois não sabiam a quem se reportar.

Douglas, sentindo que o clima organizacional não estava satisfatório, solicitou ao setor de recursos humanos (RH) a aplicação de uma pesquisa de clima organizacional a fim de mapear as áreas de insatisfação dos funcionários.

Com base no caso apresentado, responda os questionamentos a seguir:

1. É possível fazer com que a cultura de uma empresa multinacional seja idêntica em todos os países em que trabalha?
2. Qual é a influência da cultura organizacional para a manutenção de um clima organizacional favorável?
3. A pesquisa de clima organizacional aplicada durante o processo de mudança é adequada? Justifique.

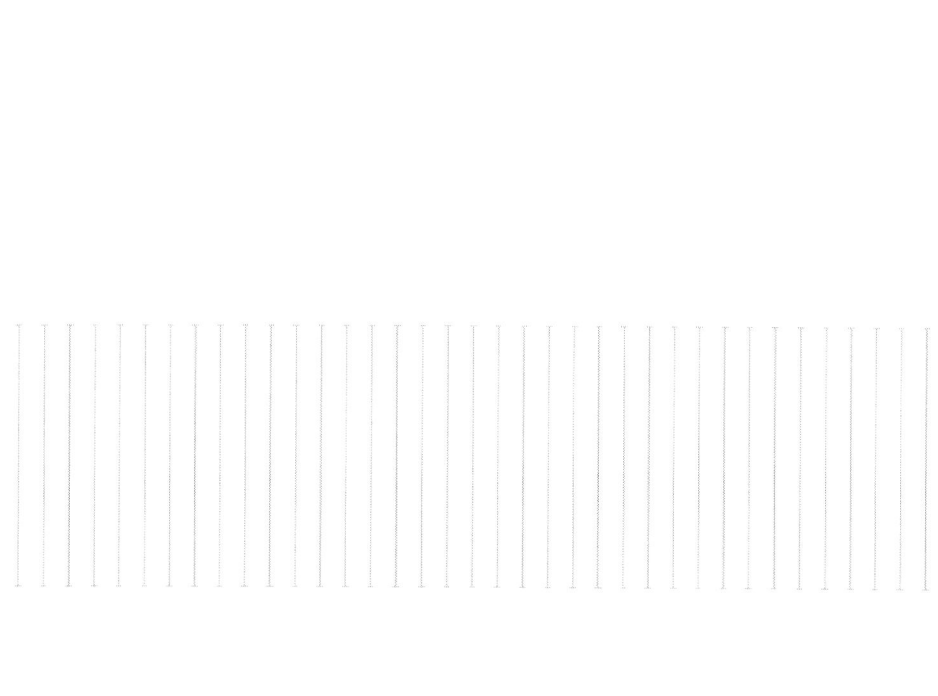

Cultura organizacional | 1

Conteúdos do capítulo

- Importância do estudo da cultura organizacional.
- Definições de cultura organizacional.
- Manifestação da cultura organizacional.
- Cultura como solução para problemas organizacionais.
- Subculturas.
- Elementos da cultura.

Após o estudo deste capítulo, você será capaz de:

1. compreender a importância da cultura organizacional em suas atividades cotidianas;
2. entender como a cultura organizacional se manifesta nas organizações;
3. entender a cultura como forma de resolução de problemas de integração e sobrevivência organizacional;
4. compreender a cultura como mantenedora da coesão organizacional por meio da coexistência da cultura dominante e das subculturas;
5. identificar os elementos que caracterizam e transmitem a cultura das organizações.

Você já refletiu sobre o termo *cultura*? Muitas vezes nos deparamos com expressões do gênero "Ele(a) é uma pessoa culta". Quem ouve isso interpreta que essa pessoa tem cultura, bom gosto, boa educação e conhece várias culturas.

Contudo, estamos enganados quanto a essa colocação: cultura vai muito além de características educacionais e do conhecimento acerca de vários países. Você sabia que uma pessoa que nunca frequentou a escola tem cultura? É isso mesmo!

A cultura pode ser entendida, conforme Tylor, citado por Horton e Hunt (1980, p. 40), como "o todo complexo que inclui conhecimento, crença, arte, moral, direito, costumes e outras capacidades e hábitos adquiridos pelo homem como membro da sociedade". Assim, podemos pensar a cultura como uma construção coletiva que direciona as ações dos indivíduos em sociedade – e, por consequência, também nas organizações.

1.1
A importância da cultura organizacional

Compreendemos que a cultura, do ponto de vista antropológico, possibilita a integração das pessoas em um grupo, além da manutenção do *modus operandi*[1] de um povo, uma sociedade e uma nação. Nesse sentido, surge a seguinte indagação: Por que devemos compreender a cultura particular das organizações?

---

1 *Modus operandi* se refere ao modo de operação da organização. É a forma como as atividades devem ser realizadas.

Segundo Chu (2010), o interesse pelo estudo da cultura organizacional teve início após a Segunda Guerra Mundial e foi influenciado pelo declínio da produção americana e pelo sucesso das organizações japonesas. Você sabia que um dos segredos da supremacia japonesa estava em sua cultura altamente coesa?

A cultura japonesa é fortemente pautada no espírito de equipe e nos princípios de disciplina e ética. Essa combinação possibilitou a construção de organizações coesas, nas quais os mesmos objetivos eram compartilhados entre os membros, diferentemente da cultura individualista presente nos países ocidentais.

Outros fatores que geraram interesse no tema foram a necessidade de resposta aos problemas práticos identificados no ambiente gerencial e a busca de um "contra-ataque" a problemas de desintegração (Chu, 2010).

Nesse contexto, a análise da cultura organizacional torna-se um instrumento poderoso para aumentar a competitividade das organizações, pois a coesão mantém os funcionários engajados para o alcance de um objetivo comum. É relevante destacar, desde já, que a estratégia, os objetivos, o modo de operação das empresas e o comportamento das pessoas são influenciados por elementos culturais.

1.2
Definições de cultura organizacional

Utilizando-nos de uma metáfora, podemos compreender a cultura como a argamassa da coesão social. Assim, imagine vários tijolos separados, representativos das pessoas, dos departamentos e dos setores. A cultura é a argamassa que irá manter esses tijolos unidos em prol de objetivos comuns. Essa metáfora é uma forma didática

de compreender o conceito de *cultura*. Contudo, é importante conhecer outras definições correlacionadas.
De acordo com Schein (2009, p. 3, tradução nossa),

> A cultura organizacional é o conjunto de pressupostos básicos que um grupo inventou, descobriu ou desenvolveu para poder lidar com os problemas de adaptação externa e integração interna, os quais funcionam bem o suficiente para serem considerados válidos e ensinados a novos membros como a forma correta de perceber, pensar e sentir.

Essa cultura organizacional representa a forma como as pessoas enxergam o mundo em que vivem. Foi a partir da criação dessa visão de mundo, partilhada dentro de um determinado grupo e aceita por todos, que os povos garantiram a manutenção e a adaptação de seus grupos. Um exemplo simples dessa realidade são as diferenças culturais existentes em cada país. Cada sociedade tem sua forma de pensar, agir, falar, vestir e se alimentar. Tais variações culturais são responsáveis por diferenciar as nações umas das outras e manter as pessoas unidas em torno de sua cultura.

Outra definição, apresentada por O'Reilly e Chatman (1996, p. 160, tradução nossa), indica que "a cultura é um sistema de valores compartilhados, que definem o que é importante, e normas que determinam as atitudes e os comportamentos adequados para os membros da organização (como se sentir e se comportar)".

Para Motta e Caldas (1997, p. 27), a cultura "fornece um referencial que permite aos atores dar um sentido ao mundo em que vivem e às suas próprias ações". É importante ressaltar que o processo de racionalização do mundo, que permite a produção de sentido, realiza-se sobre a esfera sociocultural de cada sociedade, na qual as características culturais tradicionais atuam como fatores limitadores do domínio da racionalidade formal (Oliveira; Machado-da-Silva, 2001). Nesse viés limitador, de acordo com Motta e Caldas (1997), as organizações fazem parte de uma sociedade e, por isso, são partes de sua cultura.

Robbins (2005) destaca a existência de um consenso sobre o entendimento da cultura organizacional como um sistema de valores compartilhados pelos membros, o que diferencia uma organização das demais. Para Robbins (2005, p. 376), "A cultura organizacional se refere à maneira pela qual os funcionários percebem as características da cultura da empresa, e não ao fato de eles gostarem ou não delas".

Com base nas definições de cultura organizacional citadas, percebemos que o conceito que define de maneira apropriada as organizações na condição de sistema coletivo é aquele que as compreende como sistemas socialmente instituídos, construídos, compartilhados e apoiados pelos seus membros – resultando em um padrão de integração que revela algo estável, profundamente enraizado (Schein, 2009).

1.3
Níveis da cultura organizacional

Você sabia que a cultura se manifesta em três níveis? Por esse prisma, que tal compreender como podemos visualizar a cultura em nosso cotidiano?

Schein (2009) destaca que um dos principais erros cometidos é tentar supersimplificar a cultura organizacional como apenas a direcionadora do comportamento das pessoas. A cultura organizacional envolve muito mais do que isso; seus múltiplos aspectos podem ser divididos em visíveis ou invisíveis.

A cultura organizacional se manifesta em três níveis: artefatos, valores assumidos e pressupostos subjacentes (Schein, 2009), conforme exposto na Figura 1.1 a seguir. Vale destacar que há interações e influências contínuas entre os níveis, uma vez que a cultura é um processo dinâmico e interativo.

Figura 1.1 – Níveis de cultura

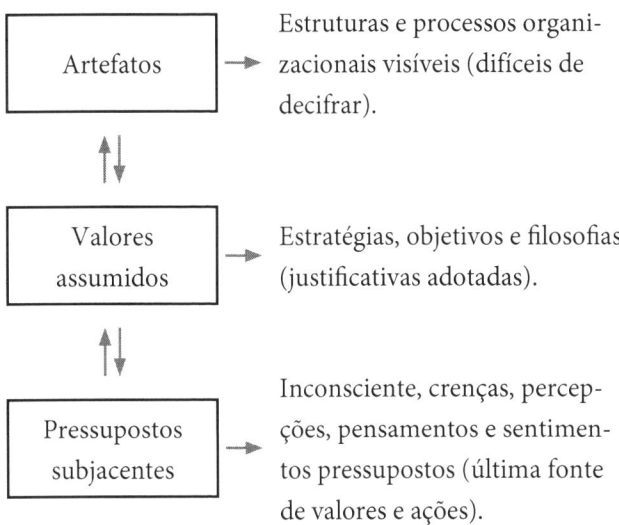

Fonte: Adaptado de Schein, 2009, p. 21, tradução nossa.

O nível dos artefatos é o mais fácil de ser observado, pois é o que você vê, ouve e percebe ao seu redor. Artefatos são características visíveis da cultura organizacional, como a arquitetura, as vestimentas, o *layout*, os mitos e as histórias.

Para facilitar a compreensão desse nível, imagine-se trabalhando em uma organização que atua em diversos projetos, na qual o trabalho em equipe é estimulado e a comunicação ocorre de maneira fluida. Que características visíveis podem ser consideradas sinalizadoras do trabalho em equipe e da comunicação eficaz? Um setor em que as divisórias das estações de trabalho, ou até mesmo a não existência de divisórias, externalizam um ambiente favorável para a integração da equipe, facilitando a comunicação.

Outro exemplo de artefato é a composição do mobiliário de um setor. Você já reparou que a cadeira do chefe, na maioria das vezes, é diferente (muito mais confortável e pomposa) em comparação com as cadeiras dos demais funcionários? Ela é um artefato indicador de que a pessoa que a ocupa assume uma posição de comando.

Os valores assumidos são o conjunto de normas e valores compartilhados que sustentam a cultura, direcionando o comportamento da organização e de seus funcionários (Pasetto; Mesadri, 2012). Representam as convicções dominantes, as crenças básicas, ou seja, aquilo em que a maioria das pessoas da organização acredita.

Geralmente, grandes empresas expõem sua missão, sua visão e seus valores em suas páginas de internet. Veja o exemplo a seguir, em que são apresentados os valores da Fiat, conglomerado empresarial fabricante de automóveis.

- **SATISFAÇÃO DO CLIENTE**
  Ele é a razão da existência de qualquer negócio.

- **VALORIZAÇÃO E RESPEITO ÀS PESSOAS**
  São as pessoas o grande diferencial que torna tudo possível.

- **ATUAR COMO PARTE INTEGRANTE DO GRUPO FIAT**
  Juntos nossa marca fica muito mais forte.

- **RESPONSABILIDADE SOCIAL**
  É a única forma de crescer em uma sociedade mais justa.

- **RESPEITO AO MEIO AMBIENTE**
  É isso que nos dá a perspectiva do amanhã.

Fonte: Fiat, 2014.

Os valores da Fiat refletem o que ela busca expressar no desenvolvimento de seus produtos, serviços e processos. Por meio desses valores, compreendemos que suas atividades externalizam a preocupação com o cliente, os funcionários, a sociedade, o meio ambiente e a unidade.

No nível dos pressupostos básicos, estão contidos os elementos tidos como verdade na organização, ou seja, os pressupostos inquestionáveis e as certezas tácitas profundas. Para Schein (2009), os valores tácitos não são conscientemente explicitados, pois resultam de um processo de aprendizado contínuo.

Outro elemento importante para a cultura organizacional é o papel do fundador na moldagem dos padrões culturais da organização (Schein, 2009; Fleury, 1996). De acordo com Ferreira et al. (2006, p. 4), "Os valores e as concepções organizacionais do fundador são como âncoras que apoiam toda a estrutura organizacional". Estudos empíricos confirmam que os fundadores exercem uma forte influência sobre a cultura organizacional, uma vez que trazem consigo um conjunto de pressupostos, valores, perspectivas e artefatos que são repassados para os outros atores organizacionais. Em algumas organizações, principalmente as familiares, a morte de um fundador pode gerar grande ruptura e perda de identidade (Lourenço; Ferreira, 2012).

1.4
Funções da cultura organizacional

A cultura organizacional desempenha várias funções, como delimitar as fronteiras da organização e de seus grupos e definir e limitar a estratégia empresarial.

Uma das principais funções da cultura organizacional é o controle social. Segundo e O'Reilly e Chatman (1996), a cultura como controle social pode, sob certas circunstâncias, ser uma forma eficaz de alcançar os objetivos estratégicos organizacionais e até mesmo resgatar objetivos socialmente legítimos. *Legítimos,* nesse caso, significa "socialmente aceitos".

Para O'Reilly e Chatman (1996), a cultura organizacional desempenha as seguintes funções:

- definição das fronteiras organizacionais e distinção entre as organizações;
- criação de um senso de identidade aos membros;
- comprometimento do grupo no alcance dos objetivos comuns;
- estabilidade do sistema social.

De acordo com a definição proposta por Schein (2009), a cultura organizacional tem caráter dinâmico, podendo ser apreendida, alterada e transmitida aos outros membros da organização. Nesse sentido, esse tipo de cultura tem como função oferecer soluções estáveis para problemas de integração interna e adaptação externa (Chu, 2010).

Entre as soluções para os problemas de integração interna – os quais influenciam na forma como a organização coordena suas atividades e equipes para o alcance dos objetivos compartilhados –, destacam-se a linguagem utilizada, a definição de fronteiras, o poder, o *status*, a intimidade, as recompensas, as punições e a ideologia. Esses elementos e suas definições estão descritos no Quadro 1.1, apresentado a seguir.

Quadro 1.1 – Soluções para problemas de integração interna

Elemento	Definição
Linguagem	**Linguagem e categorias conceituais comuns** Se os membros não conseguirem se comunicar uns com os outros e compreender uns aos outros, a existência de um grupo será impossível.
Fronteiras	**Consenso em relação às fronteiras do grupo e aos critérios de inclusão e exclusão** Uma das noções mais importantes da cultura é o consenso sobre quem está dentro e quem está fora do grupo, bem como os critérios que definem o pertencimento.
Poder e *status*	**Consenso sobre os critérios de alocação de poder e *status*** A organização precisa trabalhar a questão de normas e regras para obtenção, manutenção e perda de poder. Essa área de consenso é crucial para que as pessoas possam administrar sentimentos e ações, como a agressão.
Intimidade	**Consenso em relação aos critérios para intimidade, amizade e amor** Toda organização precisa trabalhar a questão das regras sobre o relacionamento entre os pares e os gêneros, além da maneira como a intimidade será tratada na empresa.

(continua)

(Quadro 1.1 – conclusão)

Elemento	Definição
Recompensas e punições	**Consenso em relação aos critérios de distribuição de recompensas e punições** Todo o grupo precisa saber quais comportamentos farão sentido e serão considerados heroicos; o que será recompensado com prosperidade, *status* e poder; e o que será punido.
Ideologia	**Consenso em relação à ideologia e à religião** Toda organização vê-se em face de eventos inexplicáveis, aos quais se deve atribuir significado para que os membros possam lidar com eles e evitar a ansiedade.

Fonte: Adaptado de Schein, citado por Chu, 2010, p. 15.

Os problemas de adaptação externa estão relacionados ao posicionamento estratégico da organização. Nesse sentido, a cultura organizacional deve orientar o planejamento da estratégia, o estabelecimento de metas, o controle da *performance* e a correção. No Quadro 1.2, são apresentadas possíveis soluções para problemas de adaptação externa.

Quadro 1.2 – Soluções para problemas de adaptação externa

Elemento	Definição
Estratégia	Desenvolvimento de um consenso em relação à missão primordial, às principais tarefas e às funções latentes e manifestas pelo grupo.
Metas	Desenvolvimento de consenso em relação às metas, que são os reflexos concretos da missão.

(continua)

(Quadro 1.2 - conclusão)

Elemento	Definição
Meios para realização das metas	Desenvolvimento de consenso em relação aos meios que devem ser utilizados para realizar as metas, como divisão do trabalho, estrutura organizacional e sistema de recompensas.
Medição de *performance*	Desenvolvimento de consenso em relação aos critérios a serem utilizados como medidores do quanto a organização está conseguindo atingir as metas, como no caso de sistemas de informação e controle.
Correção	Desenvolvimento de consenso em relação às estratégias de correção quando o grupo não consegue realizar suas metas.

Fonte: Adaptado de Schein, citado por Chu, 2010, p. 14.

Em relação à forma como as organizações direcionam suas atividades, existe um conjunto de características-chave que representam a essência da cultura organizacional e orientam suas ações (Robbins, 2005). Essas características, indicadas a seguir, influenciam a estratégia da organização e a forma como as pessoas se relacionam.

- **Inovação e assunção de riscos**: grau em que os funcionários são estimulados a inovar e assumir riscos.
- **Atenção aos detalhes**: grau em que se espera que os funcionários demonstrem precisão, análise e atenção aos detalhes.
- **Orientação para resultados**: grau em que os dirigentes focam mais os resultados do que as técnicas e os processos empregados para o seu alcance.
- **Orientação para pessoas**: grau em que as decisões dos dirigentes levam em consideração o efeito dos resultados sobre as pessoas que trabalham dentro da organização.

- **Orientação para equipe**: grau em que as atividades em equipe são organizadas priorizando a qualidade da equipe e não a quantidade de indivíduos que a compõem.
- **Agressividade**: grau em que as pessoas são competitivas e agressivas em vez de dóceis e acomodadas.
- **Estabilidade**: grau em que as atividades organizacionais enfatizam a manutenção do *status quo*[2] em contraste com o crescimento e a mudança.

Vale ressaltar que as organizações podem apresentar essas características dentro de um *continuum*, que vai do maior ao menor grau (Robbins, 2005). Por exemplo, uma organização pode ter um elevado grau de inovação e assunção de riscos e um baixo grau de estabilidade, pois busca inovação e crescimento, repudiando a acomodação e a resistência à mudança.

1.5
Cultura dominante e subculturas

Você pôde perceber que a cultura tem como premissa o compartilhamento de valores comuns. Apesar desse entendimento, é necessário destacarmos que as propriedades comuns não são as únicas dentro de uma organização.

Não existe uma única cultura em uma organização. As organizações apresentam uma série de subculturas, que podem estar estruturadas, por exemplo, em setores. Ou seja, as grandes organizações têm uma cultura dominante e várias subculturas (Robbins, 2005, Hatch; Cunliffe, 2006, Carvalho; Ronchi, 2005).

---

2 *Status quo* se refere ao estado atual das coisas. No contexto aqui apresentado, refere-se à manutenção da estabilidade.

A cultura dominante se refere aos valores essenciais compartilhados pela maioria dos membros de uma organização (Robbins, 2005). Esses valores partem, normalmente, do corpo diretivo, expandindo-se para todas as áreas. A subcultura, para Hatch e Cunliffe (2006, p. 176, tradução nossa), "consiste no subconjunto de membros da organização que se identificam como um grupo distinto e rotineiramente agem embasados em seus entendimentos coletivos únicos". A subcultura inclui os valores essenciais da cultura dominante, além dos valores específicos de cada departamento ou grupo.

Para compreender melhor essa questão, pense na estrutura de uma organização hospitalar. Você sabe qual é o principal objetivo de um hospital? Zelar pela saúde de seus pacientes, ou seja, o foco é o cuidado. Esse objetivo é compartilhado entre os diversos setores e profissionais que compõem o hospital. Portanto, a cultura dominante está pautada no cuidado com o paciente, ao passo que as subculturas representam as formas de conduta das diversas classes profissionais (como médicos, enfermeiros e administradores).

1.6
Elementos da cultura organizacional

Os elementos da cultura organizacional podem ser considerados em relação à forma como é transmitida e perpetuada na organização. O Quadro 1.3 apresenta as principais formas de transmissão cultural.

Quadro 1.3 – Formas de transmissão da cultura organizacional

Elemento	Descrição
Cerimônias	Eventos especiais nos quais os membros da organização celebram os mitos, os heróis e os símbolos da empresa.

(continua)

(Quadro 1.3 – conclusão)

Elemento	Descrição
Ritos	Atividades cerimoniais destinadas à comunicação de ideias específicas ou à realização de determinados propósitos.
Rituais	Ações regularmente repetidas para reforçar normas e valores culturais.
Histórias	Relatos de eventos passados que ilustram e transmitem normas e valores culturais mais profundos.
Mitos	Histórias fictícias que ajudam a explicar atividades ou eventos que, se explicados de outro modo, poderiam ser confusos.
Heróis	Pessoas de sucesso que corporificam os valores e o caráter da organização e de sua cultura.
Símbolos	Objetos, ações ou eventos dotados de significados especiais que permitem a troca de ideias complexas e mensagens emocionais pelos membros da organização.
Linguagem	Conjunto de símbolos verbais que geralmente refletem a cultura particular da organização.

Fonte: Adaptado de Wagner III; Hollenbeck, 2003, p. 368.

As cerimônias são eventos especiais que reforçam normas e valores culturais. Por exemplo, organizações como a Mary Kay® realizam, constantemente, eventos para celebrar os bons resultados de seus consultores e reforçar sua cultura.

Durante as cerimônias, muitas vezes são incorporados os ritos. Nós podemos diferenciá-los da seguinte forma:

- **Ritos de passagem**, como o famoso mela-mela, quando um estudante passa no vestibular ou um indivíduo muda de patente nas organizações militares.
- **Ritos de reforço**, como a premiação dos melhores funcionários anualmente ou mensalmente.
- **Ritos de integração**, como os churrascos ou os eventos nos quais participam todos os colegas de trabalho, cuja finalidade é promover a interação, desconsiderando-se as diferenças hierárquicas.
- **Ritos de renovação**, durante os quais se apresentam os resultados do desenvolvimento das atividades, em busca de renovação e manutenção dos compromissos.

Para melhor compreensão do papel dos ritos em uma cultura organizacional, o Quadro 1.4 apresenta alguns exemplos e suas consequências sociais.

Quadro 1.4 – Ritos organizacionais

Tipos de rito	Exemplos	Consequências sociais
Passagem	Convocação e treinamento básico	Facilita a transição de pessoas para papéis e *status* sociais novos.
Reforço	Noite anual de premiação	Reforça as identidades sociais e aumenta o *status* dos funcionários.
Renovação	Atividades de desenvolvimento organizacional	Renova as estruturas sociais e melhora o funcionamento organizacional.
Integração	Festa de Natal e eventos mensais de integração	Incentiva e revigora os sentimentos comuns que unem e envolvem as pessoas.

Fonte: Adaptado de Carvalho; Ronchi, 2005, p. 46.

Os rituais, para Robbins (2005), são sequências repetitivas de atividades que expressam e reforçam os valores fundamentais da organização. A rede Walmart, segundo Gurovitz (2005), é uma organização repleta de rituais. Por exemplo:

- Todos os funcionários entoam o grito de guerra da empresa, mesmo que fiquem constrangidos.
- Os funcionários têm de sorrir e dirigir a palavra a qualquer um que esteja a pelo menos 3 metros de distância.

As histórias, por sua vez, estão geralmente associadas a eventos ocorridos durante o início da organização, sendo importantes ferramentas de vinculação do presente ao passado, que destacam a legitimação das práticas adotadas no ambiente (Carvalho; Ronchi, 2005).

Os mitos são um tipo especial de história, que fornece uma explicação imaginária, porém provável, para um evento que, se fosse explicado de outro modo, poderia tornar-se enigmático ou misterioso (Wagner III; Hollenbeck, 2003).

Os heróis são modelos, exemplos personificados que protagonizam histórias de sucesso em uma empresa. Servem para orientar o comportamento das pessoas, ou seja, são figuras a serem seguidas. Já os símbolos, de acordo com Carvalho e Ronchi (2005), são palavras, objetos, marcas, trajes ou gestos que carregam significados específicos, tais como o espaço físico, os móveis e os uniformes. Na visão de Wagner III e Hollenbeck (2003), sem os símbolos os valores da cultura organizacional dificilmente seriam comunicados entre seus membros.

Por fim, para Robbins (2005), a linguagem é uma forma de identificação dos membros da cultura e da subcultura de uma organização. Tornar-se um membro significa filiar-se a um grupo e a uma instituição, o que exige progressivo domínio da linguagem institucional comum (Coulon, 1995). Exemplos de linguagem podem ser vistos em nosso dia a dia. Você já deve ter reparado que as categorias profissionais (informática, finanças, recursos humanos etc.) apresentam linguagem diferenciada.

Síntese

Verificamos, neste capítulo, que a cultura organizacional é um elemento essencial para a manutenção da coesão social e manifesta-se no nível dos artefatos, dos valores e dos pressupostos básicos. Além disso, ela pode ser transmitida por meio de cerimônias, ritos, rituais, histórias, mitos, heróis, símbolos e linguagem. No que se refere à função, a cultura organizacional serve para solucionar problemas de integração interna e adaptação externa, ajudar na definição das fronteiras organizacionais e na distinção entre as organizações e possibilitar a criação de um senso de identidade e comprometimento do grupo no alcance dos objetivos comuns, garantindo a estabilidade do sistema social. Vimos, também, que é possível que as organizações tenham mais de uma cultura, sendo compostas por uma cultura dominante e várias subculturas.

Questões para revisão

1. A cultura organizacional se manifesta em três níveis, que podem ser entendidos como as maneiras pelas quais a cultura pode ser visualizada ou não, como o *layout*, as vestimentas, as normas e os valores.

Uma das manifestações dos níveis de cultura é a estrutura física. Selecione a seguir alternativa que apresenta o nível de cultura que compreende a estrutura física:
a) Nível estratégico.
b) Nível operacional.
c) Nível dos artefatos.
d) Nível tático.

2. Ao abordamos a modelagem do padrão cultural, é preciso destacar a possibilidade de existirem vários tipos de cultura dentro de uma organização. Na sequência, é apresentada a definição de um deles:

> É aquele em que os valores fundamentais ou centrais são compartilhados pela grande maioria dos membros da organização, partindo de seu corpo diretivo e expandindo-se para todas as áreas.

Selecione a seguir a alternativa que indica o tipo de cultura a que se refere essa definição:
a) Cultura dominante.
b) Cultura desintegrada.
c) Cultura nacional.
d) Subcultura.

3. Dentro de uma organização, há vários tipos de subculturas além da cultura dominante, cujo objetivo é promover a coesão organizacional.
Assinale a alternativa correta acerca do comportamento da cultura dominante e das subculturas:

a) É normal existirem várias culturas dominantes e apenas uma subcultura.
b) É normal existirem várias culturas dominantes e várias subculturas.
c) Só pode exitir ou a cultura dominante ou a subcultura, uma vez que elas são mutuamente excludentes.
d) A cultura dominante e as subculturas coexistem na organização.

4. A existência de várias subculturas afeta a cultura dominante da organização?

5. Uma das funções da cultura organizacional é promover a coesão social na organização. Com base nessa informação, indique o papel do fundador na cultura organizacional.

Questões para reflexão

1. Reflita sobre como a cultura pode ser transmitida para os novos membros da organização.

2. Reflita sobre os papéis da cultura organizacional.

3. Como os fundadores influenciam a cultura das organizações?

4. Apresente exemplos de organizações claramente compostas por uma cultura dominante e subculturas.

5. Reflita e aponte ao menos um rito que você identifica na empresa em que trabalha ou trabalhou.

Para saber mais

Para aprender mais sobre o modo como os elementos da cultura organizacional se manifestam, leia o artigo "Estórias, mitos, heróis: cultura organizacional e relações do trabalho", de Maria Tereza Leme Fleury. Nele, a autora apresenta como elementos simbólicos do universo cultural de uma organização expressam e definem padrões de relações trabalhistas.

> FLEURY, M. T. L. Estórias, mitos, heróis: cultura organizacional e relações do trabalho. Revista de Administração de Empresas, v. 27, n. 4, p. 7-18, dez. 1987. Disponível em: <http://www.scielo.br/scielo.php?script=sci_arttext&pid=S0034-75901987000400003&lng=pt&nrm=iso&tlng=en>. Acesso em: 14 maio 2014.

Cultura brasileira |2

Conteúdos do capítulo

- Cultura organizacional e cultura nacional.
- Cultura brasileira.
- Traços culturais nacionais.
- Traços culturais nacionais e práticas de gestão de pessoas.

Após o estudo deste capítulo, você será capaz de:

1. compreender a relação entre as culturas organizacional e nacional;
2. compreender os aspectos originários da cultura nacional brasileira;
3. compreender alguns traços culturais brasileiros;
4. relacionar as consequências dos traços culturais com as práticas de gestão de pessoas.

As organizações fazem parte de uma sociedade e, por isso, são elementos de sua cultura. Para Freitas (1997), a cultura organizacional carrega muito da cultura nacional, de modo que a compreensão de nossas raízes se torna crucial para o gerenciamento das organizações. Em razão disso, neste capítulo, trataremos da influência da cultura nacional na cultura das organizações.

2.1
A influência das culturas nacionais nas organizações

O contexto cultural influencia tanto na configuração das relações de trabalho quanto no modo como os dirigentes gerenciam suas equipes e as conduzem para o alcance de seus objetivos (Motta; Caldas, 1997).

O psicólogo holandês Geert Hofstede (1928-) é um dos muitos autores que analisam a relação da cultura nacional com a forma como as organizações direcionam suas ações. Que tal entender como Hofstede chegou a suas conclusões? Vamos lá!

Conforme Hatch e Cunliffe (2006), a cultura organizacional, na concepção de Hofstede, é derivada da ideia de que as organizações são subculturas de um amplo sistema cultural – fazem parte de uma sociedade e, por isso, são parte de sua cultura (Motta; Caldas, 1997). Hofstede estudou a influência da cultura nacional na IBM (International Business Machines), no período de 1967 a 1973, por meio de pesquisas de opinião realizada com funcionários nos 70 países em que essa empresa operava. Com base nessas pesquisas, Hofstede identificou a importância da cultura nacional exposta na explicação das diferentes atitudes e sentimentos em relação ao trabalho, em contextos nacionais distintos (Hatch; Cunliffe, 2006). Para Hofstede, citado por Casagrande (2009), as diferenças estão situadas em quatro dimensões: distância de poder, individualismo e coletivismo, aversão à incerteza e masculinidade e feminilidade. Discutiremos essas questões individualmente a seguir.

2.1.1 Distância de poder

A distância de poder representa o quanto os membros menos poderosos das instituições e organizações de um país esperam e aceitam que o poder seja distribuído de forma desigual. As organizações podem ter alta ou baixa distância de poder, conforme indica o Quadro 2.1.

Quadro 2.1 – Características da distância de poder

Baixa distância de poder	Alta distância de poder
As desigualdades entre as pessoas devem ser minimizadas.	As desigualdades entre as pessoas devem existir e são desejáveis.
Deve existir, e existe até certo ponto, uma interdependência entre quem tem mais poder e quem tem menos.	Quem tem menos poder deve depender de quem tem mais.
A hierarquia nas organizações pressupõe uma desigualdade de papéis, estabelecida por conveniência.	A hierarquia nas organizações reflete uma desigualdade existencial entre indivíduos de maior e menor nível.
A descentralização é comum.	A centralização é comum.
As diferenças salariais entre a cúpula e a base são menores.	As diferenças salariais entre a cúpula e a base da organização são elevadas.

(continua)

(Quadro 2.1 – conclusão)

Baixa distância de poder	Alta distância de poder
Os subordinados esperam ser consultados.	Os subordinados esperam que os chefes lhes digam o que fazer.
O chefe ideal é um democrata dotado e competente.	O chefe ideal é um autocrata benevolente.
Os privilégios e os símbolos de *status* são malvistos.	Os privilégios e os símbolos de *status* devem existir e são bem-vistos.
Exemplos: Suíça, Finlândia, Canadá e Holanda.	Exemplos: Brasil, Malásia, México e Venezuela.

Fonte: Adaptado de Hofstede, citado por Casagrande, 2009, p. 34.

2.1.2 Individualismo e coletivismo

O individualismo refere-se à preferência por uma vida sem muitas amarras sociais. Em contrapartida, o coletivismo diz respeito à postura segundo a qual os interesses de um grupo prevalecem sobre os interesses individuais. As características do individualismo e do coletivismo são apresentadas no Quadro 2.2.

Quadro 2.2 – Características de sociedades coletivistas e individualistas

Sociedades coletivistas	Sociedades individualistas
A harmonia sempre deve ser mantida e os confrontos diretos, evitados.	O indivíduo é incentivado a dizer o que pensa, visto que é uma característica das pessoas honestas.
A infração gera um sentimento de vergonha perante o próprio grupo.	A infração conduz a um sentimento de culpa e à perda do amor próprio.

(continua)

(Quadro 2.2 – conclusão)

Sociedades coletivistas	Sociedades individualistas
A finalidade da educação é aprender como fazer.	A finalidade da educação é aprender como aprender.
Os títulos e os diplomas permitem acesso a grupos de *status* mais elevado.	Os títulos e os diplomas aumentam o valor econômico e o amor próprio.
A relação entre empregado e empregador é percebida, em termos morais, como um vínculo familiar.	A relação entre empregado e empregador presume um contrato baseado em vantagens mútuas.
O recrutamento e a promoção levam em conta o grupo ao qual o indivíduo pertence.	O recrutamento e a promoção baseiam-se unicamente em competências e regras.
A gestão de grupos é praticada e o relacionamento prevalece perante a tarefa.	A gestão de indivíduos é a praticada e a tarefa prevalece sobre o relacionamento
Exemplos: Brasil, Japão, Grécia e Portugal.	Exemplos: Estados Unidos, Canadá, Holanda e Austrália.

Fonte: Adaptado Hofstede, citado por Casagrande, 2009, p. 37.

2.1.3 Aversão à incerteza

A aversão à incerteza retrata o quanto os membros de uma cultura sentem-se ameaçados por situações incertas. No Quadro 2.3, você pode verificar as características de organizações que apresentam alto e baixo índices de aversão à incerteza.

Quadro 2.3 – Características da aversão à incerteza

Baixa aversão à incerteza	Alta aversão à incerteza
A incerteza é inerente à vida. É normal vivê-la no dia a dia.	A incerteza inerente à vida é percebida como uma ameaça que deve ser combatida diariamente.

(continua)

(Quadro 2.3 – conclusão)

Baixa aversão à incerteza	Alta aversão à incerteza
Pouco estresse, sentimento subjetivo de bem-estar.	Estresse elevado e sentimento subjetivo de ansiedade.
As emoções e a agressão devem ser escondidas.	As emoções e a agressão podem ser exteriorizadas em público, em momento e lugar apropriados.
O diferente gera curiosidade.	O diferente é perigoso e gera medo.
Existência do menor número possível de regras.	Necessidade emocional de haver regras, mesmo que ineficazes.
O tempo constitui apenas uma referência.	Tempo é dinheiro.
Trabalha-se muito apenas quando é necessário.	Necessidade emocional de estar constantemente ocupado e trabalhar duramente.
A precisão e a pontualidade devem ser aprendidas.	A precisão e a pontualidade surgem naturalmente.
A tolerância e a moderação prevalecem e a motivação existe em razão da necessidade de realização.	Intolerância a ideias e comportamentos não convencionais; resistência à inovação.
Exemplos: Grã-Bretanha, Hong Kong, Irlanda e Suécia.	Exemplos: Brasil, Itália, Venezuela e Paquistão.

Fonte: Adaptado de Hofstede, citado por Casagrande, 2009, p. 44.

2.1.4 Masculinidade e feminilidade

No contexto aqui discutido, a masculinidade se refere à preferência por realizações, heroísmo, assertividade e sucesso material – em oposição à feminilidade, que prima por relações pessoais, modéstia, cuidado com as fraquezas e qualidade de vida. No Quadro 2.4 são apresentadas características de sociedades nas quais predomina a masculinidade ou a feminilidade.

Quadro 2.4 – Características de sociedades femininas e masculinas

Sociedades femininas	Sociedades masculinas
Valores dominantes: atenção e cuidado pelos outros.	Valores dominantes: sucesso e progresso material.
Trabalha-se para viver.	Vive-se para trabalhar.
Os gestores apelam para a intuição e buscam o consenso.	Os gestores são decisivos e autoafirmativos.
A igualdade, a solidariedade e a qualidade de vida no trabalho são valorizadas.	O desempenho e a competição entre colegas são incentivados.
Os conflitos são resolvidos por meio de negociação e compromisso.	Os conflitos são resolvidos por meio do confronto.
As pessoas e as relações calorosas são valorizadas.	Há um sentimento de simpatia pelos mais fortes.
A modéstia é valorizada.	É dada importância para o dinheiro e os bens materiais.
Exemplos: Dinamarca, Holanda e Suécia.	Exemplos: Japão, Alemanha e Itália.

Fonte: Adaptado de Hofstede, citado por Casagrande, 2009, p. 41.

Os traços culturais das organizações fornecem um referencial importante para a compreensão da forma como as organizações são gerenciadas, contribuindo também para a forma como interagimos com outras organizações – em especial as de outros países.

Você já parou para pensar como seria o processo de negociação com uma organização japonesa? É importante destacar que o Japão é a sociedade com maior nível de masculinidade no mundo, segundo os critérios da análise realizada. Nessa situação, você encaminharia ao Japão uma equipe composta apenas por mulheres para conduzir a negociação? Reflita sobre isso.

2.2
Origens da cultura brasileira

A formação cultural brasileira está diretamente relacionada à evolução histórica do Brasil, desde o seu "descobrimento" até os dias atuais. As características culturais presentes no passado estão presentes, de certo modo, na cultura do povo brasileiro, bem como em suas organizações.

Para Holanda (1995) e Faoro (2001), a tentativa de implantação da cultura europeia em território brasileiro foi o fato de maior relevância para a gênese cultural da sociedade brasileira. Nesse sentido, Holanda (1995, p. 31), ao se referir ao transporte da cultura europeia para o Brasil, destaca que "todo o fruto de nosso trabalho ou de nossa preguiça parece participar de um sistema de evolução próprio de outro clima e de outra paisagem".

A cultura europeia apresentava certas características que impactaram o desenvolvimento dos traços culturais brasileiros ao longo da história, como:

- os padrões de prestígio social estabelecidos e estereotipados;
- a repulsa a toda moral fundada no culto ao trabalho;
- a ociosidade no trabalho;
- o não favorecimento de livre-arbítrio e responsabilidades individuais;
- a disciplina pela obediência.

Os portugueses tinham um ideal aventureiro – tal característica propiciou o lançamento dessa sociedade ao mundo das navegações e à colonização do Novo Mundo. Holanda (1995, p. 14) ressalta a existência de duas classes de homens, que representam duas éticas opostas: "uma busca novas experiências, acomoda-se no provisório e prefere descobrir a consolidar; outra, estima a segurança e o esforço, aceitando as compensações a longo prazo". Esses tipos constituem tipos ideais[1], pois não existem no mundo real.

Seguindo a lógica do referido autor, a abundância de terras estimulou o desenvolvimento do latifúndio como forma de organização agrária. O indígena não conseguiu adaptar-se à escravidão e, em razão disso, o escravo africano foi fundamental para o sistema colonial. Nessa época, o Brasil não conheceu outro tipo de trabalho que não fosse o escravo. O trabalho manual era desprezado e, por isso, não houve a construção de um verdadeiro artesanato. Além de todos esses fatores, os indivíduos não se dedicavam a um único ofício, uma vez que era comum a migração para ofícios aparentemente lucrativos.

A estrutura da sociedade colonial era rural, sustentada pela escravidão. Mesmo depois da abolição da escravatura, o país continuava sendo abastecido de negros. Contudo, a partir de 1851, houve uma intensa busca por reformas, que levou à liquidação da velha herança rural e colonial, momento em que se desenvolveu um período de excepcional vitalidade nos negócios. Além disso, o capital investido no tráfico negreiro passou forçosamente para outros ramos, como foi o caso da fundação do Banco do Brasil. Nesse contexto, surgiram novas formas de trabalho, as quais estavam ligadas à política, à burocracia e às profissões liberais – principalmente aquelas cuja atuação exigia diplomas de bacharel, tidos como sinais de nobreza.

Para Holanda (1995), o Brasil não tinha estrutura econômica, política e social para desenvolver a indústria e o comércio. A figura do patriarca ainda era sinônimo de solidez dentro da sociedade colonial. O engenho era um organismo completo e a sociedade rural colonial, um grupo fechado, no qual um homem dominava e fazia

---

1   O tipo ideal é uma espécie de modelo, criado por Max Weber, utilizado como referência para a comparação de casos que realmente existem.

suas próprias leis, tendo autoridade irrestrita sobre seus "súditos". É fundamental ressaltar a influência do ruralismo na formação cultural e na organização das cidades brasileiras.

A colonização portuguesa se concentrou predominantemente na costa litorânea, uma vez que o interior do Brasil não interessava para a metrópole. A rotina e a ausência de razão abstrata foram os princípios adotados pelos portugueses em sua atividade colonizadora: eles preferiam agir sob a influência de suas experiências sucessivas a traçar um planejamento definido; de modo semelhante, as cidades foram construídas sem rigor, método ou planejamento. Portugal tinha uma maior flexibilidade social, e sua burguesia ansiava tornar-se parte da nobreza. Não havia tradição ou orgulho de classe no país lusitano: todos queriam ser nobres. Desse modo, surgiu a nova nobreza, preocupada mais com as novas aparências do que com a antiga tradição.

Outro fator importante foi a influência da Igreja na colônia brasileira – seu papel passou de um simples braço do poder secular para um departamento da administração leiga.

Holanda (1995) enfatiza ainda a dificuldade na transição do trabalho agrícola para o trabalho industrial no Brasil, em virtude dos muitos valores rurais e coloniais que persistiam. Vale lembrar que atualmente ainda existe a dificuldade, por parte dos detentores de posições públicas, na distinção do público e do privado.

Nesse contexto, conforme Souza (1999), surge o "homem cordial" – cordialidade que não é sinônimo de polidez, mas deriva de *cordialis*, relativo ao coração. Para esse homem, o isolamento individual cria uma sensação de insegurança insuportável no que concerne às suas necessidades de homem comum. Com isso, o rigor se afrouxa e as relações se humanizam, desaparecendo a distinção entre o público e o privado: todos são amigos em todos os lugares. As relações sentimentais e familiares são transportadas para o ambiente do

Estado. O Brasil é uma sociedade em que o Estado é apropriado pela família – os homens públicos são formados no círculo doméstico, e os laços sentimentais e familiares são transportados para o âmbito estatal. Assim, segundo Faoro (2001), o patrimonialismo pessoal se converteu em patrimonialismo estatal.

Havia um apego muito forte aos valores configurados pelo recinto doméstico e uma relutância em aceitar a superindividualidade. É interessante destacar que, nesse contexto, os profissionais não se limitavam ao exercício de sua profissão: o bacharelado era muito almejado por representar prestígio na sociedade colonial urbana, sendo uma forma de o indivíduo alcançar seus objetivos sem esforço. Fazendo um paralelo com o Brasil de hoje, percebe-se que essa valorização já não existe mais. Para Holanda (1995, p. 160), a democracia em nosso país foi "sempre um mal-entendido". Os movimentos reformadores quase sempre vinham de cima para baixo, e a grande massa do povo ficou indiferente a tudo. Como ressalta Faoro (2001, p. 829), "a soberania popular não existe senão como farsa, escamoteação ou engodo".

A revolução brasileira, segundo Holanda (1995), é um processo demorado, que tem como importante marco a abolição. As cidades proclamaram sua autonomia em relação ao ruralismo. O referido autor destaca a necessidade de uma revolução para pôr fim aos resquícios da história colonial do país, para que seja possível começar a traçar uma história propriamente brasileira. No entanto, com a cordialidade do homem brasileiro, dificilmente se chegará a essa "revolução" que, para Holanda (1995), seria a salvação para a sociedade brasileira atual.

2.3
A formação cultural brasileira

Machado-da-Silva et al. (2003) afirmam que o Brasil, segundo tipologia estabelecida por Riggs, pode ser considerado uma sociedade prismática, uma vez que é fortemente influenciado por padrões ou modelos "importados", o que facilita a adoção de formatos, estruturas ou leis estrangeiros, ao invés de institucionalizar o correspondente comportamento social. Assim, conforme Guerreiro Ramos (1983), o formalismo, no que concerne à história brasileira, é uma estratégia de construção social.

Para o autor, o formalismo nas sociedades prismáticas é um fato normal e regular que reflete a sua estratégia global em superar a fase em que se encontram. Logo, "o formalismo [...] é uma estratégia de mudança social imposta pelo caráter dual de sua formação histórica e do modo particular como se articula com o resto do mundo" (Guerreiro Ramos, 1983, p. 271.). Quanto à evolução histórica do Brasil, o referido autor afirma que o formalismo foi uma estratégia de articulação da colônia com o mundo, por intermédio e interesse da metrópole portuguesa.

Quanto ao sentido estratégico do formalismo, Guerreiro Ramos (1983) apresenta a existência de quatro acepções:

1. Formalismo como estratégia para absorver ou dirimir conflitos sociais.
2. Formalismo como estratégia a serviço da mobilidade social vertical ascendente.
3. Formalismo como estratégia a serviço da construção nacional.
4. Formalismo como estratégia de articulação da sociedade periférica com o mundo exterior.

Machado-da-Silva et al. (2003) reavaliaram o papel do mecanismo coercitivo como instrumento institucional de mudança social no âmbito da sociedade brasileira. Para esses autores, em nossa sociedade é predominante uma lógica de regra e sanção legal, na qual o formalismo legitima o mecanismo institucional coercitivo como instrumento de manutenção da ordem e, paradoxalmente, de transformação social.

De acordo com Machado-da-Silva et al. (2003), a presença do formalismo implica para as organizações o uso frequente de instrumentos de imposição legal. Desse modo, é importante que haja a flexibilidade de dirigentes e demais membros organizacionais, para que seja possível promover uma rápida adaptação diante das pressões coercitivas.

Vale ressaltar que, em sistemas formalísticos, as organizações podem não acreditar na efetividade de uma nova lei, adotando uma postura de espectadores. No entanto, esse comportamento leva à necessidade de criação de novas regras, que têm a finalidade de reforçar as anteriores (Machado-da-Silva et al., 2003). Isso pode fortalecer o ciclo vicioso do formalismo, bem como a adoção de estratégias para burlar as leis.

Segundo Guerreiro Ramos (1983), a burocracia industrial dominante no Brasil é o patrimonialismo. Na administração brasileira, destaca-se a influência de critérios afetivos e familiares em relação aos burocráticos racionais; logo, há uma simbiose entre as esferas privada e pública. Por não haver a distinção entre essas esferas, os processos seletivos das organizações podem ser realizados por meio de nepotismo e do apadrinhamento, além de fenômenos como suborno, venalidade e favoritismo em outras esferas organizacionais – atitudes que consistem no "jeitinho" brasileiro indicado por Barbosa (1992). Esse "jeitinho", de acordo com Guerreiro Ramos

(1983), é uma estratégia suscitada pelo formalismo para resolver as dificuldades relacionadas às normas, aos códigos e às leis.

De acordo com Prates e Barros (1997), é pertinente compreender a ação cultural por uma perspectiva sistêmica. Nesse processo, cada um dos traços culturais brasileiros é estudado por meio de sua interação com os demais, formando uma rede de causas e efeitos. Os autores destacam ainda a capacidade de a identidade nacional flutuar nos espaços dos líderes e dos liderados, do institucional e do pessoal, os quais se ligam por meio do paternalismo, da flexibilidade, do formalismo e da lealdade pessoal. Essas ligações poderiam explicar os paradoxos da sociedade brasileira.

2.4
Traços culturais brasileiros

A cultura de um povo, país ou sociedade pode se manifestar de diversas maneiras: na forma como as pessoas se expressam, agem, se vestem etc. Para que você compreenda melhor como a cultura nacional brasileira está presente em nossa vida, apresentaremos, nesta seção, um panorama dos principais traços culturais brasileiros.

Segundo Motta e Caldas (1997), os traços culturais são os pressupostos básicos que cada indivíduo utiliza para enxergar a si mesmo como brasileiro. Eles se refletem também na forma como agimos em nossa vida privada.

Conforme Chu (2010), os principais traços culturais brasileiros presentes nos modelos de gestão à brasileira são: coletivismo, lealdade às pessoas, aversão ao conflito, personalismo, cordialidade, malandragem, formalismo, "jeitinho", flexibilidade, desigualdade de poder, postura de espectador, plasticidade, paternalismo; orientação a curto prazo.

Nas seções a seguir, discutiremos cada um dos traços da cultura brasileira.

2.4.1 Coletivismo

De acordo com Chu (2010, p. 23), "O coletivismo é a ideia de que os interesses do grupo devem prevalecer sobre os interesses do indivíduo e de que há necessidade de pertencimento a grupos". O brasileiro tem uma forte tendência a associar-se a grupos, porque estes fazem com que ele se sinta mais forte e seguro como indivíduo.

A relação do indivíduo com o grupo é forte e assemelha-se a uma relação familiar: o grupo deve fornecer proteção ao indivíduo, o qual deve oferecer, em troca, sua lealdade. Para que uma situação de harmonia seja mantida, conflitos são evitados. Anseia-se sempre pela manutenção de relações de confiança dentro do grupo, o que torna os relacionamentos entre os indivíduos mais importantes do que as tarefas (Chu, 2010).

2.4.2 Lealdade às pessoas

Em decorrência da facilidade para se relacionar em grupo, o brasileiro tem um forte sentimento de estima perante seus pares. Assim, o bom relacionamento e a lealdade prevalecem nas relações de trabalho.

A lealdade às pessoas se refere à relação segundo a qual o líder e as pessoas do grupo a que se pertence são mais importantes do que o sistema maior. Uma grande confiança é depositada na figura do líder, o qual é responsável pela manutenção da coesão do grupo, uma vez que este precisa da constante presença do líder para funcionar (Chu, 2010).

2.4.3 Aversão ao conflito

A aversão ao conflito representa a característica de cordialidade do brasileiro "boa praça", que faz de tudo para não entrar em confusão. Você alguma vez presenciou alguém preferindo se omitir diante de um comportamento não adequado em vez de intervir na situação? Essa é uma das ações que prevalecem nesse traço cultural. Essa característica resulta da conjunção da lealdade dos indivíduos à figura do líder e aos integrantes do grupo e da constante tentativa de harmonização do grupo pelo líder. A aversão ao conflito visa manter a harmonia do grupo e o bom relacionamento entre os indivíduos, de modo a evitar constrangimentos decorrentes de divergências (Chu, 2010). Esse traço cultural demonstra a necessidade de manutenção de um ambiente de paz e ordem, geralmente por meio de imposição de regras, distanciamento de conflitos e resistência a mudanças.

2.4.4 Personalismo

A palavra *personalismo* é originária do latim *persona*, que significa "pessoa". Nesse traço cultural há uma excessiva importância atribuída aos relacionamentos pessoais. Você já conheceu alguém que conseguiu um novo emprego porque é filho de uma pessoa estimada pelo gerente de um departamento? Conhece casos de políticos que lotam seus gabinetes de assessores que são seus "chegados", familiares, amigos e amigos de amigos?
O personalismo refere-se à postura que sublinha a importância atribuída às pessoas e aos interesses pessoais. É depositada grande confiança na rede de amigos e parentes, principalmente para a resolução de problemas ou a obtenção de privilégios pessoais. Há intensa busca por proximidade e afeto nos relacionamentos, de forma

que as conexões pessoais assemelham-se às conexões familiares. O grupo torna-se extensão da família como garantia de segurança nas ações (Chu, 2010).

2.4.5 Cordialidade

Você já parou para pensar o quanto é difícil dizer "não"? O traço cultural da cordialidade é presente quando, apesar de não concordarmos com algo, dizemos "sim", só para parecermos cordiais.

A cordialidade é um comportamento individual permeado pela aparência afetiva, não necessariamente sincera ou profunda. É um comportamento que revela o predomínio de uma lógica de cunho emocional e emotivo (Chu, 2010).

Além desse lado afetivo, a cordialidade está relacionada ao alto grau de aversão a conflitos. Portanto, para evitar embates ou discórdia, há a tendência de se concordar com algo mesmo que não seja aquilo que se quer.

2.4.6 Malandragem

A malandragem é originária do comportamento criativo e da "malemolência" que os brasileiros desenvolveram para sobreviver em um país no qual há tantas desigualdades e dificuldades. Muitas vezes, o malandro utiliza-se de comportamento grosseiro e desonesto como uma forma de sobreviver e/ou se diferenciar de seus pares.

Esse traço cultural é o comportamento que deriva do desalinhamento existente entre as leis da vida pública e a realidade social costumeira. Constitui-se em uma maneira de sobreviver, dada a necessidade de cumprir leis absurdas e conciliar ordens impossíveis, por meio de flexibilidade e adaptação. Pressupõe predisposição para tirar vantagens e caracteriza-se pela profissionalização do "jeitinho" (Chu, 2010).

2.4.7 Formalismo

Você sabe quantas leis existem no Brasil? Anteriormente, vimos que o país apresenta elevado grau de aversão à incerteza. Como as incertezas podem ser reduzidas? Com a criação do maior número possível de leis, normas e regras, de modo a prever e limitar o comportamento das pessoas e das organizações.

O formalismo é o comportamento que busca a redução dos riscos, da ambiguidade e da incerteza, além do aumento da previsibilidade nas ações e no comportamento humano, por meio da criação de grande quantidade de regras, procedimentos, normas e instituições capazes de reger as organizações (Chu, 2010).

2.4.8 "Jeitinho" brasileiro

O "jeitinho" brasileiro é um comportamento que tem raízes no formalismo. Ele existe em função da grande quantidade de regras e determinações legais que submetem o cidadão ao Estado, regem suas interações sociais e determinam o que se pode ou não fazer – mas que pouco refletem a realidade social, revelando incoerência em relação a hábitos e costumes. Esse comportamento constitui uma tentativa de harmonização das regras e determinações universais com a vida e as necessidades diárias, para que seja possível atingir e realizar objetivos a despeito de determinações legais contrárias. Revela um "combate" entre leis universais e relações pessoais – e é conseguido, muitas vezes, por meio da personalização das relações obtidas pela descoberta de elementos e interesses comuns (Chu, 2010).

De acordo com Barbosa (1992), o "jeitinho" brasileiro é sempre uma forma "especial" de se resolver algum problema, uma situação difícil ou proibida, ou, ainda, uma solução para alguma emergência, seja sob a forma de burla a alguma regra ou norma preestabelecida, seja sob a forma de conciliação, esperteza ou habilidade.

2.4.9 Flexibilidade

O brasileiro é internacionalmente conhecido pela sua flexibilidade e adaptabilidade às adversidades do ambiente. Esse traço cultural pode ser identificado nas pessoas e nas organizações na forma como lidam com os vários planos econômicos e a eles se ajustam ao longo das últimas décadas (Cyrino; Tanure, 2009).

A flexibilidade se refere a uma capacidade que agrega aspectos de adaptação e criatividade, verificada tanto em indivíduos quanto em organizações. A adaptação se refere à capacidade de ajuste a diversas situações. Ela pode ser compreendida como uma capacidade criativa dentro de limites prefixados. A criatividade, por sua vez, é a capacidade de inovação das organizações e dos indivíduos (Chu, 2010). A flexibilidade e a criatividade são características bem-vistas pelas organizações estrangeiras. Brasileiros que trabalham no exterior são reconhecidos pela sua capacidade de inovar, pensar e agir fora de padrões preestabelecidos, conseguindo enxergar um problema ou desafio sob diferentes perspectivas.

2.4.10 Desigualdade de poder

A grande desigualdade existente entre as pessoas, no Brasil, revela-se por meio do elevado grau de concentração de poder nas estruturas sociais e organizacionais, que se desmembra: 1) na força da hierarquia nas relações entre as pessoas; 2) na grande importância dada ao *status* individual e à autoridade dos superiores. Esse traço cultural traduz a realidade segundo a qual indivíduos em posições de menor poder aceitam as desigualdades entre as pessoas, permanecendo passivas diante de uma situação como essa (Chu, 2010).

O reflexo da desigualdade de poder é a grande diferença de salários em uma mesma empresa. Muitas vezes, um executivo ganha dez vezes mais do que outros funcionários. A distância de poder reflete também a dificuldade de as pessoas ascenderem a posições superiores na hierarquia organizacional.

2.4.11 Postura de espectador

A postura de espectador reflete a falta de diálogo na sociedade e nas organizações brasileiras e caracteriza-se pela falta de respostas, argumentações e senso crítico nas relações, o que leva ao mutismo. Essa postura seria produto do gosto pelo mandonismo[2], pelo protecionismo e pela dependência, o que leva os indivíduos a baixos graus de iniciativa, autodeterminação para realização de tarefas e capacidade crítica. Como consequência, há grande transferência de responsabilidade para as autoridades – superiores e líderes (Chu, 2010).

A postura de espectador evidencia ainda a passividade dos brasileiros diante de situações complexas; assim, eles preferem esperar que a situação se resolva por si mesma. Outro aspecto a ser considerado é a orientação para a autoridade externa: busca-se sempre transferir a autoridade a outras pessoas.

---

2   O mandonismo se refere ao gosto de receber ordens, ou seja, ser conduzido.

2.4.12 Plasticidade

A plasticidade é uma tendência de comportamento que indica a supervalorização do que é estrangeiro em detrimento do que é brasileiro. Indica a propensão a mirar modelos e conceitos desenvolvidos fora do país ao invés daqueles desenvolvidos localmente. Segundo Chu (2010), a plasticidade revela a inclinação à adoção, sem críticas, dos referenciais estrangeiros. Sugere a grande permeabilidade da cultura brasileira aos conceitos e modelos vindos de fora do país. A plasticidade também envolve a receptividade a etnias e práticas estrangeiras. No entanto, isso pode gerar uma supervalorização do que vem de fora e uma desvalorização das práticas nacionais.

2.4.13 Paternalismo

O paternalismo tem sua origem nos laços paternais que prevalecem na sociedade brasileira. Esses laços são expostos na dificuldade que temos em separar o ambiente privado (casa) do público (trabalho, sociedade).

Esse traço cultural está baseado em uma relação caracterizada pelo controle dos indivíduos, na medida em que combina, de um lado, a figura de um chefe/patrão (ao mesmo tempo autoritário, firme, cordial e generoso) e, de outro, a aceitação e a docilidade dos subordinados. Essa relação configura também uma dependência entre líderes e liderados, decorrente da aceitação mútua da situação mencionada anteriormente, que é simultaneamente econômica e pessoal: econômica em virtude do controle e da delegação de ordens; pessoal em virtude da proteção e do agrado aos subordinados. A presença do patrão nos locais de trabalho é constante, as relações aproximam-se do modelo familiar, e os subordinados não apenas aceitam como reivindicam essa configuração (Chu, 2010).

2.4.14 Orientação a curto prazo

Segundo Holanda (1995), a característica de orientação a curto prazo está relacionada a um tipo de homem aventureiro, que direciona suas ações com base nos ganhos imediatos, sem pensar ou planejar o futuro. Nesse sentido, há uma predominância do planejamento de curto prazo em detrimento do de longo prazo.

Para uma melhor compreensão dos traços culturais brasileiros até aqui discutidos, apresentamos, no Quadro 2.5, um estudo que compara a presença desses traços em organizações públicas e privadas.

Quadro 2.5 – Presença dos traços culturais brasileiros em empresas públicas e privadas

Traços culturais brasileiros	
Organizações públicas	Organizações privadas
Há um maior controle sobre as atividades desempenhadas nas agências (formalismo).	Ocorre a coexistência da relação profissional com a pessoal (personalismo).
O personalismo é apontado como decorrente da formalidade e da rigidez de normas e regulamentos.	O desenvolvimento profissional é enfatizado pela empresa, há diversas premiações internas e o foco na avaliação dos funcionários é constante (o formalismo não é encontrado).
Há a necessidade de se desenvolver internamente uma relação informal e pessoal com as equipes de trabalho e gerência.	A autonomia dos dirigentes é bastante limitada nessas agências.

(continua)

(Quadro 2.5 – conclusão)

Traços culturais brasileiros	
Organizações públicas	Organizações privadas
Esse tipo de organização atribui ao próprio excesso de normas a quebra de regras ("jeitinho").	O "jeitinho" é visto como mecanismo legítimo de se resolverem problemas.
A gerência da agência adota um estilo de alto grau de consulta entre líder e liderados, para fazer frente à presença de orientação a curto prazo, à aversão à incerteza, ao protecionismo e ao personalismo.	Há a orientação a curto prazo em virtude das instabilidades econômicas.
Há a orientação a curto prazo em virtude das instabilidades econômicas.	

Fonte: Elaborado com base em Oliveira; Machado-da-Silva, 2001.

Os dados apresentados evidenciam uma maior inclinação às seguintes características: orientação a curto prazo, personalismo e "jeitinho" brasileiro. O traço de aversão à sistematização do trabalho não foi encontrado nas empresas. Ademais, ressalta-se que as empresas estatais apresentam em maior grau, em relação às empresas privadas, as características da cultura brasileira.

O estudo de Oliveira e Machado-da-Silva (2001) evidencia que há uma racionalização crescente das organizações durante a evolução de seu ciclo de vida. Esse fato está diretamente relacionado à minimização do nível de influência das características culturais tradicionais da sociedade brasileira. De acordo com Shimonishi e Machado-da-Silva (2003), é interessante ressaltar que, apesar dos altos níveis de estruturação e do aumento da profissionalização do cenário empresarial brasileiro, algumas características advindas da formação cultural do país ainda estão presentes, impactando a atividade gerencial. Além disso, para os referidos autores, o contexto cultural, bem como a presença dos traços culturais nos grupos de trabalho, influencia na configuração das relações de trabalho e no modo como os dirigentes gerenciam suas equipes e as conduzem para o alcance de seus objetivos.

Nesta seção, identificamos os traços culturais brasileiros e a presença deles em dois tipos de organização. A seguir, discutiremos o impacto desses traços nas práticas de gestão de pessoas.

2.5
Traços culturais e gestão de pessoas nas organizações brasileiras

Os traços culturais apresentados anteriormente nos fazem refletir sobre seus impactos na gestão das organizações. Agora, examinaremos as influências dos traços culturais na gestão das pessoas, no que se refere aos processos de seleção, socialização, avaliação de desempenho e remuneração, os quais podem ser visualizados no Quadro 2.6.

Quadro 2.6 – Impacto dos traços culturais brasileiros nos processos de recursos humanos

Processos de recursos humanos	Traços culturais brasileiros	Impacto
Seleção.	Personalismo. Cordialidade.	Processos baseados em relações de amizade e confiança.

(continua)

(Quadro 2.6 – continuação)

Processos de recursos humanos	Traços culturais brasileiros	Impacto
Socialização.	Personalismo. Coletivismo. Evitar conflitos. Cordialidade. Lealdade às pessoas.	Fundamental para a sobrevivência do indivíduo no grupo. Participação "de fachada" no grupo ou como forma de demonstração de cordialidade. Construção real e artificial de vínculos.
Avaliação de desempenho.	Paternalismo. Evitar conflitos. Cordialidade.	Subjetiva e pouco meritocrática. Baixa credibilidade. Falta de *feedback* real. Geração de expectativas falsas. Caminha para a objetividade.
Remuneração.	Desigualdade de poder. Coletivismo. Postura de espectador. Lealdade às pessoas. Personalismo. Paternalismo.	Grande desigualdade. Ausência de premiação pela eficiência. Protecionismo ("amigos do rei" têm seus salários ajustados). Crescimento dos componentes variáveis. Adoção de benefícios não monetários.

(Quadro 2.6 – conclusão)

Processos de recursos humanos	Traços culturais brasileiros	Impacto
	Planejamento (crescimento).	Orientação para a qualidade de vida.
	Contexto nacional (estabilização).	Caminha para a objetividade.
	Feminilidade (orientação às pessoas; políticas de remuneração).	
	Internacionalização.	

Fonte: Adaptado de Chu, 2010, p. 94.

Segundo Chu (2010), o processo de seleção no Brasil é influenciado pelo traço cultural do personalismo. Ainda vemos muitas organizações realizarem processos seletivos com candidatos indicados por pessoas de confiança (o famoso QI, ou "quem indica"), ou seja, via relacionamentos pessoais.

A cordialidade também está presente na dificuldade que os selecionadores encontram em informar os verdadeiros critérios de seleção que fizeram com que um candidato não tivesse alcançado a vaga de emprego. Nesse caso, mais uma vez, o brasileiro é o colega de todos, é o homem cordial. Ainda de acordo com Chu (2010), nos processos de socialização, verificam-se os traços de personalismo, coletivismo, aversão aos conflitos, cordialidade e lealdade às pessoas. O traço cultural do personalismo evidencia a dificuldade de separar a vida pessoal da vida profissional. As organizações apresentam vários ritos de integração, formais e informais, que institucionalizam o predomínio das relações pessoais no ambiente de trabalho e o espírito de equipe. As pessoas que não querem participar dos momentos de socialização e integração são malvistas pelo grupo – ou, simplesmente, para evitarem o conflito, participam "de fachada", para não serem excluídas.

No que se refere à avaliação do desempenho, os traços culturais predominantes são o paternalismo, a aversão à incerteza e a cordialidade. As avaliações ou as reuniões de *feedback* costumam ser bastante subjetivas, pois seus resultados não comprometem a maneira como o avaliador/superior é visto (Chu, 2010).

De acordo com Chu (2010), os processos de remuneração são marcados pela desigualdade de poder, pelo coletivismo, pelo crescimento do planejamento, pela orientação a valores femininos (aqueles que se referem à melhoria da qualidade de vida com benefícios não monetários), pelas mudanças no contexto nacional e pela maior internacionalização da gestão.

A desigualdade de poder está presente nas altas diferenças salariais entre os níveis organizacionais. Apesar desse descontentamento evidente, a postura de espectador, o personalismo e o medo da autoridade geram um comportamento passivo e dócil, uma vez que não deve haver questionamentos – afinal, temos medo de perder o emprego.

O coletivismo é percebido na ausência de premiação pelo esforço e desempenho individuais. No que se refere à evolução dos processos de gestão no Brasil, Chu (2010) sinaliza que o crescimento do planejamento e da estabilidade no contexto nacional conduz a um aumento gradual da utilização de componentes variáveis pelas empresas na remuneração total, além do aumento de benefícios não monetários relacionados à qualidade de vida. A maior internacionalização da gestão, decorrente da globalização, vem introduzindo no Brasil práticas e modelos de remuneração mais calcados em aspectos objetivos, em busca de objetividade e critérios claros na seleção e na avaliação de pessoas (Chu, 2010).

Síntese

Estudamos, neste capítulo, que a cultura organizacional é fortemente influenciada pela cultura nacional. Isso impõe aos gestores o desafio de gerenciar levando em consideração tanto os valores organizacionais quanto os traços nacionais. Apresentamos também os principais traços culturais que fazem parte da cultura brasileira e a influência deles nas políticas de recursos humanos.

Questões para revisão

1. Em relação à cultura nacional, assinale (V) para as afirmativas verdadeiras e (F) para as falsas. Depois, assinale a alternativa que indica a sequência correta:
   ( ) A cultura organizacional carrega muito de nossa cultura nacional. Em razão disso, a compreensão de nossas raízes é um ponto crucial para o gerenciamento de nossas organizações.
   ( ) As organizações fazem parte de uma sociedade e, por isso, são partes de sua cultura.
   ( ) O contexto cultural influencia na configuração das relações de trabalho e no modo como os dirigentes gerenciam suas equipes, conduzindo-as para o alcance de seus objetivos.
   a) F, V, F.
   b) V, V, F.
   c) F, F, F.
   d) V, V, V.

2. Em pesquisa realizada em uma empresa multinacional localizada em 70 países, Hofstede, citado por Casagrande (2009), descobriu a influência da cultura nacional nas diferenças de atitudes e sentimentos em relação ao trabalho em diferentes contextos nacionais.
Assinale a alternativa que apresenta corretamente os resultados da pesquisa mencionada:
   a) Hofstede identificou que não há diferenças entre os países.
   b) Hofstede identificou que a cultura do país de origem das multinacionais se sobressai à cultura nacional.
   c) Hofstede identificou duas dimensões: masculinidade e aversão ao risco.
   d) Hofstede identificou quatro dimensões: individualismo e coletivismo, distância de poder, nível de aversão à incerteza, masculinidade e feminilidade.

3. A distância de poder representa até que ponto os membros menos poderosos das instituições e organizações de um país esperam e aceitam que o poder seja distribuído de forma desigual. Assinale a alternativa que apresenta corretamente uma das características de uma sociedade com alta distância de poder:
   a) A hierarquia nas organizações pressupõe uma desigualdade de papéis, estabelecida por conveniência.
   b) A descentralização é comum.
   c) As diferenças salariais são reduzidas entre a cúpula e a base.
   d) Os subordinados esperam que os chefes lhes digam o que fazer.

4. A masculinidade se refere à preferência por realizações, heroísmo, assertividade e sucesso material, em oposição à feminilidade, que prima por relações, modéstia e cuidado com as fraquezas e

a qualidade de vida. Nesse contexto, indique os pressupostos e as características das sociedades femininas e masculinas.

5. Os traços culturais se referem aos pressupostos básicos que cada indivíduo usa para enxergar a si próprio dentro do contexto nacional. A seguir, é apresentada a definição de um dos traços culturais brasileiros:

> Comportamento que tem raízes no formalismo e existe em função da grande quantidade de regras e determinações legais que submetem o cidadão ao Estado, mas que pouco refletem a realidade social.

Qual é o traço cultural a que se refere essa definição?

Questões para reflexão

1. Analise a empresa em que você trabalha ou trabalhou e identifique os traços culturais brasileiros presentes nela. Quais deles se sobressaem?

2. Ao analisar a organização em que você trabalha ou trabalhou, identifique se ela tem características de uma sociedade feminina ou masculina.

3. Pesquise se em sua cidade há diferenças entre organizações públicas e privadas no que concerne aos traços culturais brasileiros.

4. Como você percebe a presença do "jeitinho" brasileiro em seu dia a dia? Cite exemplos.

5. Em algum momento de sua vida, você deve ter passado por processos de seleção e socialização; deve também ter sido

remunerado e seu desempenho, avaliado. Relacione essas vivências com a presença de traços culturais brasileiros, expondo como eles se manifestaram.

Para saber mais

Neste capítulo, vimos que o "jeitinho" brasileiro é uma das formas de o povo lidar com o formalismo, o excesso de regras e as normas. Para aprender mais sobre o "jeitinho" brasileiro, leia o artigo "Jeitinho brasileiro, controle social e competição", dos autores Fernando C. Prestes Motta e Rafael Alcadipani, e procure compreender como ocorre a manifestação desse traço, bem como a relação dele com as formas de poder e competição.

> MOTTA, F. C. P.; ALCADIPANI, R. Jeitinho brasileiro, controle social e competição. Revista de Administração de Empresas, v. 39, n. 1, p. 6-12, jan./mar. 1999. Disponível em: <http://www.scielo.br/pdf/rae/v39n1/v39n1a02.pdf>. Acesso em: 14 maio 2014.

Mudança e cultura organizacional | 3

Conteúdos do capítulo

- Mudança organizacional.
- Processos de mudança organizacional.
- Tipos de mudança organizacional.
- Organizações voltadas à mudança.
- Mudança e cultura organizacional.
- Consequências da mudança organizacional e reações à sua implantação.

Após o estudo deste capítulo, você será capaz de:

1. compreender os principais conceitos de mudança e a importância desta para as organizações;
2. compreender como ocorre a mudança organizacional;
3. identificar as tipologias de mudança e suas consequências para as organizações;
4. identificar as características das organizações voltadas à mudança;
5. compreender a interação entre mudança e cultura organizacional;
6. aprender a lidar com pessoas durante processos de mudança.

De acordo com Caldas e Wood Jr. (2000), a relevância do tema *mudança organizacional* é decorrente dos cenários consideravelmente dinâmicos com que as organizações têm se deparado. Elas têm buscado se adaptar aos novos cenários, dentro dos quais a mudança é a regra. Neste capítulo, você irá compreender o contexto específico do que chamamos de *mudança organizacional*, o gerenciamento da mudança e métodos para mudar a cultura organizacional, quando possível.

3.1
Mudança organizacional[1]

Conforme Wood Jr. (2000) e Lima e Bressan (2003), uma das dificuldades enfrentadas no estudo de mudança organizacional é a construção de um corpo coerente de ideias em relação à multiplicidade teórica e prática a que o assunto dá vazão. Desse modo, com o intuito de promover um maior esclarecimento sobre o tema, faremos um resgate da evolução do conceito de *mudança organizacional* e comentaremos os processos envolvidos e o relacionamento desse tema com o da inovação e dos recursos organizacionais, para, por fim, proporemos a aplicação desse conceito no contexto das organizações universitárias.

A fim de demonstrar a evolução histórica da mudança organizacional, Armenakis e Bedeian (1999) revisaram 50 trabalhos publicados entre 1990 e 1998, incluindo ensaios teóricos e estudos teórico-empíricos sobre o tema. Com isso, esses autores agruparam

---

1 Alguns trechos desta seção foram extraídos e adaptados de Souza (2012).

os achados da pesquisa em quatro categorias: conteúdo, contexto, processo e resultados. Essas categorias representam os principais esforços de pesquisas internacionais sobre mudança organizacional. O conteúdo se refere à essência da mudança organizacional, compreendendo os objetivos dos esforços de mudanças bem e mal sucedidas e como tais fatores se relacionam com a eficácia organizacional. O contexto diz respeito a forças ou condições existentes nos ambientes externo e interno que podem iniciar o desenvolvimento de mudanças. O processo engloba as ações empreendidas durante a aprovação de uma mudança, evidenciando as ações tomadas para a implantação da mudança dentro da organização. E, por fim, os resultados avaliam o impacto dos esforços da mudança organizacional nas reações comportamentais e efetivas, como o desempenho individual e organizacional (Armenakis; Bedeian, 1999).

Em seu estudo, Armenakis e Bedeian (1999) concluem que pesquisas bem-sucedidas devem atentar para a análise do conteúdo, do contexto e do processo, a fim de compreender melhor como e por que as mudanças emergem na organização. Além disso, os autores suscitam discussões sobre a utilização da perspectiva temporal longitudinal para a condução das pesquisas sobre mudança organizacional, de modo a entender-se melhor o fenômeno em sua completude.

O campo de estudos em mudança organizacional é permeado por diferentes perspectivas. Lima e Bressan (2003) ressaltam que a mudança organizacional tornou-se um tema bastante discutido nas últimas décadas; porém, em virtude da dificuldade de se estabelecerem seus limites e da diversidade de abordagens, poucos são os pesquisadores que se arriscam a apontar uma definição do fenômeno. Robertson, Roberts e Porras (1993) entendem a mudança organizacional como uma série de alterações planejadas, influenciadas por arranjos organizacionais, fatores sociais, estrutura física e tecnologia, que afetam o comportamento do indivíduo e, consequentemente, o desempenho individual e organizacional. Na visão desses autores, o comportamento humano é um fator-chave no processo de mudança.

Segundo Van de Ven e Poole (1995, p. 512, tradução nossa), mudança "é um tipo de evento, uma observação empírica das diferenças na forma, na qualidade, ou no estado de uma entidade ao longo do tempo". De acordo com essa definição, o processo é visto como a sequência de eventos em uma entidade organizacional ao longo do tempo. A entidade, por sua vez, pode ser o trabalhador individual, a equipe, a estratégia organizacional, um programa, um produto ou a organização como um todo.

Para Orlikowski (1996), as organizações estão em constante busca pelo ajustamento de suas práticas e estruturas. Portanto, as mudanças surgem de maneira imperceptível em improvisações do cotidiano. "Essas variações são repetidas, compartilhadas e disseminadas ao longo do tempo, produzindo perceptíveis e marcantes mudanças organizacionais" (Orlikowski, 1996, p. 89, tradução nossa). Além disso, o referido autor compreende a mudança como um processo contínuo, emergente e não planejado.

Greenwood e Hinings (1996) argumentam que os estudos em mudança organizacional devem abordar o modo como as organizações fomentam, aprovam e interagem diante das pressões para a mudança. Assim, os autores utilizam a tipologia de mudança radical e convergente como base de sua definição de mudança organizacional. A mudança convergente consiste na adaptação dos parâmetros das orientações já existentes, ao passo que a mudança radical se refere à alteração das orientações em uso por outras, representando uma quebra dos moldes definidos pelos esquemas interpretativos.

Motta (1999) salienta que as teorias de mudança organizacional são compostas por um conjunto difuso e de difícil compreensão.

Assim, o tema pode ser captado por meio de seis perspectivas de análise: estratégica, estrutural, tecnológica, humana, cultural e política. Considerando essa diversidade de abordagens, o autor conclui que a mudança organizacional "é multifacetada, inter e multidisciplinar, e deve usufruir da riqueza proporcionada pela variedade de modelos ou focos de análise" (Motta, 1999, p. 120).

Pettigrew, Woodman e Cameron (2001, p. 700, tradução nossa) afirmam que o processo de mudança refere-se à "sequência de acontecimentos individuais e coletivos, e a ações e atividades desencadeadas ao longo do tempo em um referido contexto". Na visão desses autores, portanto, a mudança é um processo contínuo e situado em um determinado contexto.

O caráter emergente da mudança também é evidenciado por Tsoukas e Chia (2002), os quais criticam as abordagens tradicionais de mudança organizacional, pelo fato de estas privilegiarem a estabilidade, a rotina e a ordem, de modo que a mudança tem sido retificada e tratada como algo excepcional.

Contrariando a abordagem tradicional, Tsoukas e Chia (2002, p. 570, tradução nossa) afirmam que a mudança consiste no "entrelaçamento das crenças e dos hábitos de ação dos indivíduos, como resultado de novas experiências obtidas por meio da interação". Nesse sentido, os autores veem a organização como um padrão constituído, formado e emergente pela mudança, sendo esta construída pela interpretação dos envolvidos nesse processo.

Ampliando o escopo do entendimento do conceito de *mudança*, Lima e Bressan (2003, p. 25) propõem a seguinte definição:

> Mudança organizacional é qualquer alteração, planejada ou não, nos componentes organizacionais – pessoas, trabalho, estrutura formal, cultura – ou nas relações entre a organização e seu ambiente, que possam ter consequências

relevantes de natureza positiva ou negativa, para a eficiência, eficácia e/ou sustentabilidade organizacional.

Essa conceituação considera os resultados advindos da mudança organizacional, os quais nem sempre são positivos e benéficos para a organização. Alinhando o fenômeno de mudança, inovação e criatividade, Bruno-Faria (2003, p. 128) define mudança organizacional como "qualquer alteração, planejada ou não, ocorrida na organização, decorrente de fatores internos e/ou externos à mesma, e que tenha algum impacto nos resultados e/ou nas relações entre as pessoas no trabalho".

As definições propostas por Lima e Bressan (2003) e Bruno-Faria (2003) trazem uma síntese dos principais aspectos que permeiam esse campo de pesquisa, uma vez que abordam as mudanças planejadas e emergentes, os processos envolvidos e os resultados da mudança organizacional.

Lima e Bressan (2003) indicam que não há consenso entre os conceitos de mudança organizacional, embora existam convergências. O panorama das definições existentes é apresentado no Quadro 3.1.

Quadro 3.1 – Definições de mudança organizacional

Autores	Definição	Ênfase
Van de Ven e Poole (1995, p. 512)	Tipo de evento ou observação empírica das diferenças na forma, na qualidade ou no estado de uma entidade ao longo do tempo.	Temporalidade.
Wood Jr. (2000, p. 190)	Qualquer transformação de natureza estrutural, estratégica, cultural, tecnológica, humana ou de qualquer outro componente, capaz de gerar impacto em partes ou no conjunto da organização.	Impacto da mudança no ambiente interno.

(continua)

(Quadro 3.1 - conclusão)

Autores	Definição	Ênfase
Pettigrew, Woodman e Cameron (2001, p. 700)	Sequência de acontecimentos individuais e coletivos, ações e atividades desencadeadas ao longo do tempo em um referido contexto.	Temporalidade.
Tsoukas e Chia (2002, p. 570)	Entrelaçamento das crenças e hábitos de ação dos indivíduos como resultado de novas experiências obtidas por meio da interação.	Interpretação e construção de sentido sobre a mudança.
Bruno-Faria (2003, p. 128)	Qualquer alteração, planejada ou não, ocorrida na organização, decorrente de fatores internos e/ou externos a ela, que tenha algum impacto nos resultados ou nas relações entre as pessoas no trabalho.	Intencionalidade, alteração dos recursos organizacionais e respostas aos ambientes interno e externo.
Lima e Bressan (2003, p. 25)	Qualquer alteração, planejada ou não, nos componentes organizacionais – pessoas, trabalho, estrutura formal, cultura – ou nas relações entre a organização e seu ambiente, que possam ter consequências relevantes, de natureza positiva ou negativa, para a eficiência, a eficácia e a sustentabilidade organizacional.	Intencionalidade, alteração dos recursos organizacionais e respostas aos ambiente interno e externo.

Fonte: Elaborado com base em Lima; Bressan, 2003.

O Quadro 3.1, baseado em Lima e Bressan (2003), foi complementado com a inserção das definições de Pettigrew, Woodman e Cameron (2001) e Tsoukas e Chia (2002). Também foi ampliado com a especificação da ênfase de cada um dos conceitos: temporalidade;

intencionalidade; impacto da mudança; interpretação e construção de sentidos sobre a mudança; alterações dos recursos organizacionais; mudança em resposta aos ambientes interno e externo à organização. Dessa forma, é possível identificar os pontos de consenso e divergências entre as definições de mudança organizacional.

3.2
Processo de mudança organizacional[2]

Para Van de Ven (1992, p. 169, tradução nossa), o processo de mudança organizacional é definido como "uma sequência de eventos que descreve como as coisas mudam ao longo do tempo". Nesse sentido, para o entendimento da complexidade do fenômeno *mudança organizacional*, faz-se necessária a análise dos elementos que compõem seu processo.

Armenakis e Bedeian (1999, p. 303, tradução nossa) fornecem duas lições para o processo de implementação de mudança organizacional:

1. O processo de mudança ocorre em múltiplas fases que levam um tempo considerável para se manifestar e esforços para ignorar as medidas que dificilmente geram resultados satisfatórios.

2. A existência de erros em alguma fase pode retardar a implementação, bem como a negação de progressos já alcançados.

Um dos modelos mais conhecidos de mudança organizacional é o do psicólogo Kurt Lewin. Conforme Hatch e Cunliffe (2006), em

---

2 Alguns trechos desta seção foram extraídos e adaptados de Souza (2012).

1956, Kurt Lewin desenvolveu a teoria da mudança social, segundo a qual as instituições sociais são definidas como um balanceamento de forças que conduzem e restringem a mudança. De acordo com Lawler III e Worley (2006), o modelo de Lewin pressupõe a resistência e reforça a estabilidade, como demonstrado na Figura 3.1.

Figura 3.1 – Modelo de mudança organizacional de Lewin

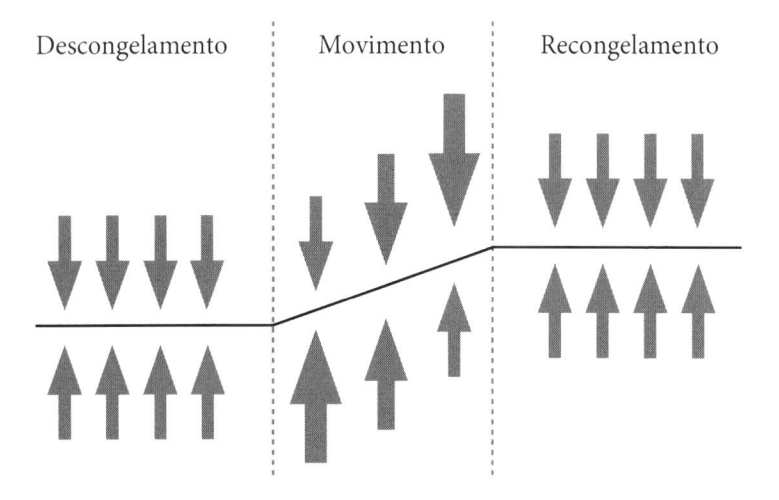

| Descongelamento | Movimento | Recongelamento |

Fonte: Hatch; Cunliffe, 2006, p. 309, tradução nossa.

O modelo de mudança de Lewin envolve as fases de descongelamento, movimento e recongelamento. Hatch e Cunliffe (2006) explicitam:

- **Descongelamento** – Envolve a insatisfação com o estado atual, ou seja, a organização irá abandonar as formas tradicionais de operação. A noção de descongelamento implica um equilíbrio que necessita ser rompido.

- **Movimento** – Uma vez que o *status quo* é considerado obsoleto ou ineficaz, a organização deverá passar por um período de mudanças, durante o qual um novo conjunto de comportamentos e sistemas será implementado.
- **Recongelamento –** Implica a institucionalização da mudança e o retorno à fase inicial.

Para analisarem o processo de mudança organizacional, Van de Ven e Poole (1995) propuseram uma tipologia de duas dimensões: forma de mudança e unidade de mudança. A forma de mudança refere-se à maneira como a sequência de mudanças é construída em contraste com as mudanças prescritas. A unidade de mudança, por sua vez, refere-se aos processos de mudança que envolvem o desenvolvimento de uma entidade individual ou interações entre uma ou mais entidades.

Por meio dessa tipologia, os referidos autores identificaram quatro tipos ideais de teorias que explicam como e por que as mudanças se manifestam. O esquema de desenvolvimento dessas teorias é representado na Figura 3.2.

Figura 3.2 – Processos teóricos de desenvolvimento e mudança organizacional

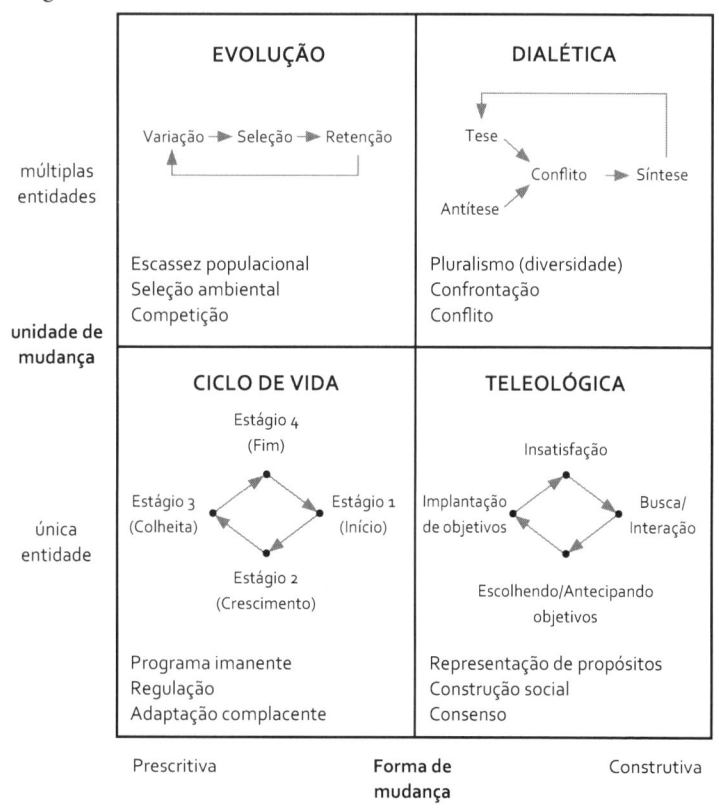

	EVOLUÇÃO	DIALÉTICA
múltiplas entidades	Variação → Seleção → Retenção	Tese ↘ 　　　　Conflito → Síntese Antítese ↗
unidade de mudança	Escassez populacional Seleção ambiental Competição	Pluralismo (diversidade) Confrontação Conflito
	CICLO DE VIDA	TELEOLÓGICA
única entidade	Estágio 4 (Fim) Estágio 3 (Colheita) ← → Estágio 1 (Início) Estágio 2 (Crescimento)	Insatisfação Implantação de objetivos ← → Busca/Interação Escolhendo/Antecipando objetivos
	Programa imanente Regulação Adaptação complacente	Representação de propósitos Construção social Consenso
	Prescritiva	**Forma de mudança**　　Construtiva

Fonte: Van de Ven; Poole, 1995, p. 520, tradução nossa.

A teoria teleológica baseia-se na concepção de que a mudança é guiada por um ciclo de formulação, implantação, avaliação e posterior modificação de metas, conforme for experienciado pela entidade. Assim, o processo de mudança emerge como uma construção social de propósitos (Van de Ven; Poole, 1995).

A teoria do ciclo de vida, para Van de Ven e Poole (1995), leva em consideração o crescimento orgânico da empresa e as etapas de nascimento, crescimento e morte da organização. O processo de mudança em uma entidade é visto como uma sequência necessária de estágios. Dessa forma, o processo de mudança é explicado como algo natural, lógico ou institucional.

Ainda segundo Van de Ven e Poole (1995), a teoria dialética parte do pressuposto de que há, na organização, uma pluralidade de forças contraditórias que colidem e competem com outras por dominação e controle. Assim, a teoria dialética explica a estabilidade e a mudança do balanceamento de poder entre entidades opostas.

Por fim, as autores apresentam ainda a teoria da evolução, baseada no processo de variação, seleção e retenção, levando em consideração a competição e a seleção do ambiente. Essa teoria explica o processo de mudança como uma forma de competição por recursos escassos.

Conforme Weick e Quinn (1999), o processo de mudança também pode ser classificado como episódico e contínuo. De acordo com esses autores, a mudança episódica é utilizada para agrupar mudanças organizacionais que tendem a ser raras, descontínuas e intencionais. A mudança contínua, por sua vez, agrupa as mudanças organizacionais contínuas, evolutivas e cumulativas, considerando-se a organização como um processo emergente (Orlikowski, 1996; Tsoukas; Chia, 2002).

O processo de mudança episódica é focalizado na busca pelo equilíbrio e pela estabilidade. A mudança é vista por Weick e Quinn (1999) como uma interrupção ocasional, e o papel do agente de mudança é o de adaptação ao ambiente para o restabelecimento do equilíbrio da organização.

Quanto ao processo de mudança contínua, Weick e Quinn (1999, p. 366, tradução nossa) ressaltam que "a mudança é um padrão de inúmeras modificações nos processos de trabalho e, portanto, na prática social. É impulsionada pela instabilidade organizacional e por reações de alerta para contingências diárias". Os autores salientam ainda que o processo de mudança contínua requer o papel do agente de mudança para que se possa proceder à interpretação dos eventos.

Em suma, o processo de mudança organizacional varia de uma perspectiva deliberada para uma perspectiva emergente. Nesta obra, conforme Tsoukas e Chia (2002), adotamos a visão do processo de mudança emergente e construído por meio de um processo contínuo e recursivo de interpretação e construção de sentidos – o qual, para Weick e Quinn (1999), não é episódico, mas contínuo.

3.3
Tipos de mudança

Conforme Lawler III e Worley (2006), a implicação da natureza imprevisível da mudança para as organizações é clara: na maioria dos casos, não estamos aptos a antecipar mudanças. Diante do ambiente mutável, as organizações são desafiadas a realizar dois objetivos conflitantes: o bom desempenho diante das exigências ambientais e a mudança contínua, de modo a melhor enfrentar um ambiente de negócios que se antevê. Desse modo, para Lawler III e Worley (2006), a organização pode gerenciar três tipos de mudanças:

- **Ajustes estratégicos** – Envolvem o dia a dia das mudanças táticas, cuja finalidade é trazer novos clientes, podendo produzir melhorias de produtos e serviços. A mudança deve ser incremental, constante e natural.

- **Reorientações estratégicas** – Envolvem a alteração da estratégia existente e, em alguns casos, a adoção de uma nova estratégia. Quando o ambiente desenvolve ou muda, uma organização pode ajustar alguns elementos de sua estratégia de maneira a executá-la. Isso necessita do desenvolvimento de novas competências e capacidades.
- **Mudança transformacional** – Envolve não apenas uma nova estratégia ou cultura, mas a transformação do modelo de negócios e sua orientação de produtos, serviços e clientes. Requer novas competências e capacidades.

3.4
Organizações voltadas para a mudança

Segundo Lawler III e Worley (2006), todas as organizações vivem em um ambiente caracterizado por rápidas mudanças. No entanto, isso não é novidade para a maioria das pessoas; o que elas não sabem é o quanto a velocidade das mudanças tem aumentado.

As razões pelas quais as organizações não estão preparadas para as mudanças é que existem teorias e práticas nas estruturas organizacionais que encorajam as organizações a propor alinhamento, estabilidade e equilíbrio. As organizações são encorajadas a institucionalizar melhores práticas, ou seja, ideias que fixem a estabilidade como chave para o desempenho. Desse modo, as organizações são construídas para sustentar valores de resistência, estratégias estáveis e estruturas burocráticas – mas não a mudança (Lawler III; Worley, 2006).

Para se criarem mudanças, Lawler III e Worley (2006) propõem que as organizações aproveitem suas vantagens competitivas aproximando-se de uma configuração organizacional que assuma a mudança como algo normal. Em vez de empreenderem esforços de mudança e ruptura do *status quo* ou de se adaptarem à mudança, as organizações devem ser construtoras de mudanças. Nesse contexto, é imprescindível que haja o apoio das lideranças para a implementação de mudanças bem-sucedidas.

As organizações construídas para a mudança devem considerar as pessoas como sujeitos abertos e dispostos a aprender e experimentar coisas novas. Devem ter estruturas que constantemente concentrem a atenção e os recursos nos problemas atuais e nas oportunidades futuras e sistemas de recompensa que encorajem a aprendizagem e o crescimento como valores agregados. Finalmente, essas organizações devem ter processos financeiros e outros sistemas de apoio à inovação e à criação de novos produtos e serviços.

Sobre a criação de organizações voltadas à mudança, Lawler III e Worley (2006) sugerem algumas proposições importantes, as quais são discutidas a seguir.

- **O capital humano é crítico.**
    - Neste novo mundo de competição global e mudanças tecnológicas, o capital humano é universalmente reconhecido como elemento central na eficácia organizacional e na criação de vantagem competitiva.
    - A rápida evolução da ciência e do conhecimento tecnológico é um dos direcionadores do aumento da importância do capital humano. Desse modo, eleva-se o reconhecimento de que muito do valor de mercado de uma empresa está em seu capital intelectual.
- **O conhecimento é central.**
    - A centralidade do conhecimento para a eficácia organizacional tem mudado a essência das organizações. O conhecimento

pode ser trabalhado no gerenciamento de informações – as empresas, dessa forma, têm valorizado as habilidades das pessoas em pensar, analisar e resolver problemas.

- **A natureza humana não é o problema.**
  - A resistência à mudança não está apenas relacionada à natureza humana. Mudança geralmente requer aprendizagem e desenvolvimento de novas habilidades, formação de novos relacionamentos e ruptura da vida pessoal. Além disso, a aprendizagem e o estabelecimento de novos relacionamentos podem ser recompensados, mas podem também ser trabalhosos, desconfortáveis e estressantes.
  - O fator mais importante na tomada de decisão voltada à mudança organizacional é o desenho dos sistemas de gerenciamento e a forma como as pessoas são recompensadas. As pessoas necessitam de razões para mudar.
- **A configuração tradicional é o problema.**
  - Em muitos aspectos, as organizações tradicionais são construídas para resistir à mudança. As organizações contêm numerosos regulamentos, normas e disposições que limitam a experimentação, além de programas de comportamentos e recompensas consistentes de desempenho que privilegiam a manutenção e o equilíbrio.
- **A liderança não é a resposta.**
  - Os líderes são responsáveis pelo sucesso da mudança. O líder é alguém que consegue estabelecer uma visão convincente o suficiente para motivar a mudança. Entretanto, na realidade, a maioria dos líderes heroicos falha em suas tentativas de mudança dentro de uma organização. Independentemente das competências dos líderes e de seus esforços, muitas organizações são tão resistentes à mudança que é impossível para um líder heroico realizar uma mudança significativa.

- **A configuração organizacional é a questão.**
  - No atual ambiente de negócios, as organizações têm buscado a construção da mudança – não apenas a mudança como resultado de um programa especial de mudança ou de esforço. A mudança, e não a estabilidade, deve se tornar a moeda da vez.
- **A construção de uma lógica de mudança.**
  - A velocidade das mudanças ambientais e as oportunidades econômicas proporcionadas pelas diversas mudanças são suficientes para justificar a adoção de uma postura voltada à mudança.
  - Embora os custos de operação de organizações voltadas à mudança sejam ligeiramente superiores, eles serão compensados por maior capacidade em capturar os lucros da mudança e as vantagens temporárias.
  - Mudanças são esperadas e normais.
  - No processo de mudança, as pessoas devem ser estimuladas e motivadas a modificar antigas formas de ação e a institucionalizar outras novas.
  - As práticas organizacionais devem e podem ser processos naturais de adaptação, de acordo com as mudanças ambientais.

3.5
Mudança e cultura organizacional

As organizações podem ser entendidas como um fenômeno cultural que varia de acordo com o estágio de desenvolvimento do ambiente. Assim, apresenta-se a necessidade de se considerar a cultura na implementação das mudanças organizacionais.

As mudanças originam-se de fatores diversos e configuram-se em tipologias que variam em função das perspectivas de análise que são adotadas, exigindo, desse modo, modelos de gestão centrados no entendimento de que as organizações criam suas realidades sociais.
Ao tratarem da possibilidade de gerenciamento da cultura de uma organização, Fleury e Fischer (1996) concordam com a viabilidade desse procedimento, mas apontam para a complexidade deste, especialmente no que diz respeito a mudanças de padrões culturais, quando as resistências dos vários grupos envolvidos são significativas. As autoras ainda afirmam que momentos de crise vivenciados pela organização são importantes para alavancar mudanças na cultura. Em períodos de estabilidade, as resistências tornam-se mais fortes porque as pessoas não querem intervir em padrões que se mostram adequados.
Segundo Fleury e Fischer (1996), essas crises podem ser provocadas por fatores externos, como questões econômicas ou políticas, ou internos, como o surgimento de novas lideranças, e são normalmente percebidas de forma diferenciada pelos distintos grupos da organização, o que resulta em diferentes níveis de adesão à ideia de mudança. Isso porque essa possibilidade implica risco, especialmente no que se refere às alterações nas relações de poder. Em razão disso, Fleury e Fischer (1996) propõem um planejamento do processo de transformação dos padrões culturais consoante com outras mudanças estratégicas vivenciadas pela organização.
Buscando responder ao questionamento sobre a administrabilidade da cultura das organizações, Pettigrew (1996, p. 145, tradução nossa) afirma que a resposta direta à pergunta é "sim: com a maior dificuldade!". Pensando a cultura organizacional em diversos níveis, desde o mais profundo até o mais visível, o autor aponta que é mais fácil ajustar as manifestações de cultura do que modificar o núcleo de crenças e pressupostos básicos em uma organização. De acordo

com Pettigrew (1996), há sete fatores importantes que tornam difícil a administração da cultura. Eles são relativos aos problemas de: níveis; infiltração; implícito; impresso; político; pluralidade; e interdependência. Esses fatores são descritos no Quadro 3.2.

Quadro 3.2 – Fatores considerados no gerenciamento da cultura organizacional

Fatores	Descrição
Problema dos níveis	A cultura existe em uma variedade de níveis diferentes na empresa. Refere-se às crenças e aos pressupostos das pessoas dentro da organização. É muito difícil modificar as manifestações de cultura.
Problema da infiltração	A cultura refere-se também aos produtos da empresa, às estruturas, aos sistemas, à missão da empresa, às recompensas e à socialização.
Problema do implícito	Refere-se à dificuldade de modificar coisas que são implícitas no pensamento e no comportamento das pessoas.
Problema do impresso	A história tem grande peso na administração presente e futura da maioria das organizações.
Problema do político	Refere-se às conexões entre a cultura organizacional e a distribuição de poder na empresa. Esses grupos de poder geralmente não estão dispostos a abandonar tais crenças.
Problema da pluralidade	A maioria das empresas não contém uma única cultura organizacional, podendo apresentar uma série de subculturas.
Problema da interdependência	A cultura está interconectada não apenas com a política da empresa, mas com sua estrutura, seus sistemas, suas pessoas e suas prioridades.

Fonte: Adaptado de Pettigrew, 1996, p. 167.

A mudança organizacional, principalmente quando nos referimos às mudanças culturais, pode gerar uma série de consequências. Os principais afetados são a própria organização e as pessoas que a compõem.

Essas consequências e a forma como as pessoas reagem à mudança organizacional são apresentadas na próxima seção.

3.6
Consequências da mudança organizacional e reações à sua implantação

A mudança organizacional não passa despercebida. Ela geralmente vem acompanhada de sentimentos positivos e negativos que podem gerar consequências profundas para a organização e para os indivíduos (Lima; Bressan, 2003).

Em relação às consequências da mudança para a organização, Lima e Bressan (2003) destacam a melhoria dos processos e da eficácia organizacional e o aumento da sustentabilidade institucional, bem como sua capacidade de responder com mais perspicácia às demandas do ambiente.

Quanto às consequências da mudança para as pessoas, os autores apresentam a influência na lealdade, no comprometimento, no estresse, nas taxas de rotatividade, no cinismo, na satisfação e na motivação.

Percebe-se que as pessoas são as principais afetadas nos processos de mudança, seja por medo de perderem o emprego, seja por mudarem de *status* na organização. Enfim, as mudanças acarretam um turbilhão de emoções nos envolvidos.

Beer (2002) fornece algumas considerações sobre o modo como as pessoas podem lidar com a mudança. Para o autor, ignorar o lado humano da mudança revela uma postura míope e uma gestão ineficaz. Em sua perspectiva, o segredo do sucesso é dar vazão ao lado emocional (raiva, depressão, choque, paciência) – mas ir transferindo, gradativamente, o controle para o racional.

Para ajudar as pessoas a lidarem com a mudança, Beer (2002) apresenta quatro estágios de que os gerentes podem se valer para minimizar as influências negativas da mudança.

- **Primeiro estágio: choque.**

Nessa fase, as pessoas são pegas de surpresa e entram em choque. Para ajudar as pessoas a passarem por essa fase, os gerentes podem tomar as seguintes providências:

- mudança dos processos de trabalho;
- redistribuição periódica de tarefas;
- determinação de metas maleáveis para estimular a flexibilidade.

- **Segundo estágio: negação defensiva.**

Nessa fase, as pessoas tendem a ficar agressivas e a negar a existência da mudança, a fim de proteger os padrões anteriormente estabelecidos. Para passar por esse estágio de maneira satisfatória, os gerentes devem utilizar sua competência interpessoal, de modo a impedir que essas pessoas consigam contaminar os demais membros contra as iniciativas de mudança. Para tanto, Beer (2002) sugere que os gerentes devem tomar as seguintes ações:

- manter os "negadores" ligados ao grupo imediato, pois um grupo coeso propenso à mudança pode influenciar essas pessoas a aceitarem as mudanças de maneira mais rápida;

- proporcionar um momento de "fala" que possibilite às pessoas expressar os ressentimentos e as angústias, fazendo com que o negador se sinta importante no processo de mudança.

- **Terceiro estágio: reconhecimento.**

Essa é a fase na qual as pessoas passam a reconhecer a existência da mudança. Os gerentes têm papel fundamental na adesão das pessoas envolvidas. Como principais ações dos líderes, Beer (2002) sugere as seguintes:

- Insistir em ser um líder, representando o papel de "caixa de ressonância" de dúvidas e reclamações;
- Explorar mais a fundo os alicerces e a coesão do grupo; manter os indivíduos ligados a grupos coesos; fazer com que as pessoas que antes eram resistentes à mudança se sintam integradas ao grupo.

- **Quarto estágio: aceitação e adaptação.**

Nessa fase, a maioria dos funcionários acaba aceitando sua nova situação e adaptando-se a ela. Vale destacar que nesse período os gerentes podem encontrar pessoas que simplesmente não aceitam as mudanças. Para lidar com essa questão, Beer (2002) sugere:

- trabalhar com dinâmicas de grupo para manter a integração e a coesão social;
- procurar entender o que cada subordinado precisa para se sentir realizado – a compreensão das necessidades dos funcionários faz com que sejam planejadas ações direcionadas aos anseios dos líderes, objetivando a maior adesão possível à nova ideia;

- deslocar o foco dos sentimentos para a ação;
- estar pronto para efetuar o *outplacement* (desligamento) no caso de as pessoas se colocarem contra a mudança.

Essas considerações sobre como lidar com as pessoas em processos de mudança nos fornecem uma perspectiva diferenciada das pessoas resistentes a esse procedimento. Segundo Strebel (1999), os resistentes são:

- os que têm melhores condições de perceber e apontar as verdadeiras ameaças;
- aptos a reagir a qualquer mudança que possa perturbar a integridade do sistema;
- sensíveis aos indícios de que os promotores da transformação não compreendem os valores essenciais do sistema que pretendem modificar ou não se identificam com tais valores.

Síntese

Estudamos, neste capítulo, que a mudança organizacional pode ser vista como regra diante do ambiente dinâmico e mutável em que vivemos. Para aprendermos a gerenciar a mudança, é necessário compreender como ocorre a mudança organizacional e como os elementos estruturantes da organização e as pessoas interagem nesse processo. Apesar de as organizações serem criadas para a estabilidade, vimos que a cultura organizacional também pode ser modificada por meio de um processo de mudança. Além disso, vimos que a mudança organizacional pode gerar consequências para a organização (melhoria dos processos e eficácia organizacional, sustentabilidade institucional, resposta rápida às demandas e ambientes) e para as pessoas (lealdade, comprometimento, estresse, taxas de rotatividade e cinismo). Por fim, aprofundamos o conhecimento sobre resistência à mudança e apresentamos como os gerentes podem lidar com as resistências de modo a garantir o comprometimento.

Questões para revisão

1. Sabe-se que a mudança pode gerar consequências positivas e negativas para os indivíduos e a organização. Uma das consequências negativas é a resistência à mudança.
Nesse contexto, assinale (V) para as afirmativas verdadeiras e (F) para as falsas. Em seguida, marque a alternativa que indica a sequência correta:
   ( ) Os resistentes são os que têm melhores condições de perceber e apontar as verdadeiras ameaças.
   ( ) Os resistentes são os que têm as mínimas condições de perceber e apontar as verdadeiras ameaças.
   ( ) Os resistentes são sensíveis aos indícios de que os promotores da transformação não compreendem os valores essenciais do sistema que pretendem modificar ou não se identificam com tais valores.
   ( ) Os resistentes são indiferentes aos indícios de que os promotores da transformação não compreendem os valores essenciais do sistema que pretendem modificar ou não se identificam com tais valores.
   a) F, F, F, F.
   b) V, V, V, V.
   c) V, F, V, F.
   d) F, V, F, V.

2. Beer (2002) fornece algumas considerações sobre o modo como as pessoas podem lidar com a mudança. Para ajudar as pessoas nesse processo, o autor apresenta quatro estágios de que os gerentes podem se valer para minimizar as influências negativas da mudança. Assinale a alternativa que apresenta corretamente a descrição do estágio de choque:
   a) Fase em que as pessoas são pegas de surpresa e entram em choque.
   b) Fase em que as pessoas tendem a ficar agressivas e a negar a existência da mudança como forma de proteger os padrões anteriormente estabelecidos.
   c) Fase em que as pessoas passam a reconhecer a existência da mudança.
   d) Fase em que a maioria dos funcionários acaba aceitando sua nova situação e adaptando-se a ela.

3. Segundo Pettigrew (1996), a cultura é administrável e pode ser alterada durante um processo de mudança – porém, com grande dificuldade. Essa dificuldade está relacionada a uma série de problemas associados à profundidade da cultura organizacional. Assinale a alternativa que se refere corretamente ao problema da pluralidade para o gerenciamento da cultura:
   a) A cultura existe em uma variedade de níveis diferentes na empresa.
   b) A cultura refere-se também aos produtos da empresa, às estruturas, aos sistemas, à missão da empresa, às recompensas e à socialização.
   c) A maioria das empresas não contém uma única cultura organizacional, podendo apresentar uma série de subculturas.

d) A cultura está interconectada não apenas com a política da empresa, mas com sua estrutura, seus sistemas, suas pessoas e suas prioridades.

4. Quais são as características de organizações voltadas para a mudança?

5. Diante da dinamicidade do ambiente, as organizações são desafiadas a realizar dois objetivos conflitantes: bom desempenho diante das exigências ambientais e mudanças contínuas para enfrentar um ambiente de negócios futuros. Para atender a essas demandas, as organizações podem empreender diversos tipos de mudanças.
Indique o que está relacionado às mudanças dos seguintes tipos: ajustes estratégicos e reorientações estratégicas.

Questões para reflexão

1. Reflita sobre o papel do capital humano na mudança organizacional.

2. Em sua opinião, a cultura das organizações pode ser modificada? Justifique.

3. Sugira medidas que os gerentes podem utilizar para lidar com pessoas resistentes à mudança.

4. Reflita sobre o papel do líder no processo de mudança.

5. Reflita sobre uma função positiva dos resistentes à mudança.

Para saber mais

Confira o artigo "Implementação de mudança organizacional e o papel das práticas de recursos humanos: um estudo de caso brasileiro" para compreender o papel da área de recursos humanos na mudança organizacional.

> BORGES, R. S. G. Implementação de mudança organizacional e o papel das práticas de recursos humanos: um estudo de caso brasileiro. Brazilian Business Review, v. 6, n. 3, p. 299-311, set./dez. 2009. Disponível em: <http://www.redalyc.org/articulo.oa?id=123016850005>. Acesso em: 14 maio 2014.

Clima organizacional | 4

Conteúdos do capítulo

- Conceito de clima organizacional.
- Cultura e clima organizacional.
- Indicadores de clima organizacional.
- Tipos de clima organizacional.

Após o estudo deste capítulo, você será capaz de:

1. definir clima organizacional;
2. diferenciar cultura e clima organizacional;
3. conhecer os diversos modelos de indicadores de clima organizacional;
4. compreender as consequências do clima organizacional favorável e do desfavorável.

Ouvimos o termo *clima* nas mais diversas situações do dia a dia: "A ação do gerente ao dizer 'bom dia' para a equipe torna o clima mais leve", "Após a derrota, o técnico estava sem clima para continuar a dirigir o time", "Sem clima com aliados do governo, ministro é garantido no cargo por força do presidente".

A ideia de *clima* pode ser entendida como a percepção dos funcionários em relação à organização em que trabalham. Neste capítulo, você aprenderá o que é clima organizacional e como podemos mensurá-lo.

4.1 Conceito de clima organizacional

Segundo Maximiano (1995, p. 107), "o clima é representado pelos conceitos e sentimentos que as pessoas partilham a respeito da organização e que afetam de maneira positiva ou negativa sua satisfação e motivação no trabalho". Para esse autor, estudar o clima organizacional é importante para se compreender se a organização e suas práticas administrativas favorecem ou não o interesse e o rendimento das pessoas.

Outro conceito é o apresentado por Robbins, Judge e Sobral (2010), para os quais o clima organizacional é um reflexo das percepções comuns que os colaboradores da organização têm sobre ela e o ambiente do trabalho.

Stefano, Zampier e Maçaneiro (2007), por sua vez, definem o clima de uma organização como a forma de comportamento de seus recursos humanos diante de diferentes aspectos internos e externos, que se apresentam de forma diferenciada em cada período. No que se refere às influências, Araújo e Tagliocolo (2007) afirmam que o clima organizacional ocorre no âmbito organizacional, sendo afetado por quatro grandes dimensões: resistência à mudança, estresse, liderança e motivação. As dimensões propostas por Aráujo e Tagliocolo (2007) estão descritas a seguir:

- A **resistência à mudança** está relacionada com as alterações da rotina de trabalho por outra mais eficiente e envolve a participação dos funcionários no processo de implantação e adequação de um novo sistema.
- O **estresse** está relacionado às ações rotineiras, as quais envolvem o relacionamento com as demais pessoas. O estresse afeta a produtividade do funcionário, podendo ser causado tanto por fatores pessoais quanto organizacionais. Cabe ao administrador desenvolver ações que amenizem os impactos negativos do estresse.
- A **liderança** relaciona líder e colaborador. Bons líderes influenciam e motivam seus colaboradores e sua equipe de trabalho; assim, a organização se torna mais eficiente e eficaz, gerando mais resultados positivos.
- A **motivação** está mais ligada a aspectos internos do que externos. As organizações podem gerar estímulos externos, mas cada funcionário terá uma percepção do que o motiva ou não.

Os conceitos apresentados revelam que o clima organizacional é algo perceptual e mutável dentro de uma organização, sendo influenciado por elementos que fazem parte da cultura organizacional. Nesse sentido, esclareceremos a seguir as semelhanças e as diferenças entre as ideias de *cultura* e *clima organizacional*.

4.2
Cultura e clima organizacional

O clima organizacional é um dos principais elementos da cultura organizacional, sendo definido como os sentimentos das pessoas dentro do ambiente de trabalho e a maneira como interagem entre si, com os clientes e os elementos externos (Schein, 2009). Para Stefano, Zampier e Maçaneiro (2007), o clima organizacional é resultante da cultura, de seus aspectos positivos e negativos, bem como de acontecimentos que ocorrem fora dela, os quais influenciam o comportamento das pessoas inseridas nas organizações.

Outro ponto interessante sobre o clima organizacional é que ele é um dos principais fatores na determinação da qualidade de vida no trabalho. Podemos perceber desde já a importância da cultura organizacional, o que nos leva a fazer certas relações entre as concepções de cultura e clima organizacional.

Alguns autores consideram essas relações tão fortes que praticamente definem esses conceitos como iguais. Para Bowditch, citado por Lemos (2007), os termos *clima* e *cultura organizacional* fazem referência ao mesmo conceito. Mas, sob certos aspectos, há sim diferenças entre clima e cultura: este é um conceito mais amplo, que engloba temas como normas, valores e fins organizacionais; já aquele pode ser considerado como mais um dos fatores que constituem a cultura organizacional.

Para Fleury (2002), o clima está relacionado à percepção que as pessoas têm da organização em que trabalham. O clima organizacional se refere, assim, a um aspecto "meteorológico": ele retrata um estado momentâneo da organização e pode ser alterado de uma hora para outra, em virtude de um evento, um boato, entre outras variáveis. A cultura, por sua vez, está relacionada a aspectos profundos da organização, remetendo às origens desta, aos seus valores básicos e à modelagem de padrões culturais.

Em síntese, a distinção entre cultura e clima organizacional pode ser visualizada no Quadro 4.1.

Quadro 4.1 – Diferenças entre clima e cultura organizacional

Clima organizacional	Cultura organizacional
Estado de espírito da organização.	Personalidade da organização.
Grau de satisfação e lealdade.	Grau de motivação e comprometimento.
Curto a médio prazo.	Médio a longo prazo.

Fonte: Adaptado de Tomei, 1994.

4.3
Indicadores de clima organizacional

Nas organizações, há uma série de fatores que afetam positiva ou negativamente a forma de agir e o comportamento das pessoas, bem como o clima organizacional.

Nesse sentido, a literatura sobre o tema nos apresenta algumas abordagens que objetivam a mensuração do clima organizacional por meio de indicadores. Apresentaremos a seguir algumas das interpretações mais populares; consegue-se perceber certa familiaridade entre elas, mas é importante atentar para suas particularidades.

4.3.1 Modelo de Litwin e Stringer

Um dos mais antigos e populares indicadores de clima organizacional é o modelo de Litwin e Stringer. Esses autores criaram um questionário baseado em nove indicadores, que, de acordo com Bispo (2006), podem ser assim definidos:

- **Estrutura**: percepções dos trabalhadores sobre as limitações da sua atividade laboral no que se refere às regras, aos regulamentos e aos procedimentos.
- **Responsabilidade**: grau de liberdade para tomar decisões relacionadas ao trabalho.
- **Desafio**: ponderação dos riscos sobre suas decisões e seu trabalho referente à sua função.
- **Recompensa**: percepção sobre a recompensa pelo trabalho executado de forma adequada, focando incentivos positivos e não punições.
- **Relacionamento**: nível de boa convivência geral e ajuda mútua percebido na organização.
- **Cooperação**: grau de ajuda e mútuo apoio vindo dos gestores para os subordinados.
- **Conflito**: sentimento de que os níveis superiores não apresentam restrições ao receber diferentes opiniões; contempla também a forma como a administração soluciona problemas.
- **Identidade**: sentimento de que os objetivos pessoais estão alinhados com os organizacionais, ou seja, o colaborador "veste a camisa".
- **Padrões**: percepção sobre o grau de exigência do cumprimento de normas e processos.

4.3.2 Modelo de Kolb

Outro modelo importante a ser estudado é o de Kolb, o qual trabalha com apenas sete indicadores. Três deles já foram citados no modelo de Litwin e Stringer (responsabilidade, recompensa e padrões). Além deles, o modelo de Kolb se utiliza dos seguintes indicadores, segundo Rizzatti (2002):

- **Clareza organizacional**: definição clara do ambiente e dos objetivos organizacionais.
- **Calor e apoio**: sentimentos de camaradagem e boa convivência entre os colaboradores, que confiam uns nos outros e se ajudam mutuamente.
- **Liderança**: ponderação sobre o quanto os colaboradores sentem-se à vontade para assumir a liderança, sendo, por isso, bem recompensados.

4.3.3 Modelo de Coda

Outro modelo interessante foi estruturado por Coda (1997), que utilizou empresas brasileiras públicas e privadas para formalizar seu estudo. Ele se baseou em dez tópicos, a saber:

- **Liderança**: encorajamento pelo chefe ao desenvolvimento profissional, assim como grau de *feedback* ofertado aos colaboradores, visando a um melhor direcionamento profissional.
- **Compensação**: remuneração e benefícios.
- **Maturidade empresarial**: forma como os colaboradores entendem as atividades e os objetivos da organização e refletem sobre a ação do mercado, dos concorrentes e dos clientes.
- **Colaboração entre áreas funcionais**: percepção sobre o respeito e a colaboração entre os diferentes setores da organização, visando alcançar os objetivos e as metas.
- **Valorização profissional**: o quanto o profissional é incentivado a se desenvolver técnica e profissionalmente e é recompensado por isso.

- **Identificação com a empresa**: sentimento de ser parte da organização, que acontece quando todos do grupo partilham os mesmos objetivos.
- **Processo de comunicação**: percepção sobre a transmissão e o entendimento de informações necessárias para o bom funcionamento da organização.
- **Sentido de trabalho**: percepção sobre a importância do trabalho.
- **Política global de recursos humanos (RH)**: visão dos colaboradores sobre a importância do setor de RH em relação ao seu trabalho e a outros setores da empresa.
- **Acesso**: forma como é feita e percebida a graduação da carreira dentro da organização.

4.3.4 Modelo de Sbragia

O modelo de Sbragia compreende 20 dimensões e foi utilizado pela primeira vez em um estudo realizado em institutos de pesquisa. A seguir são apresentadas essas dimensões, conforme Sbragia (1983):

- **Estado de tensão**: o quanto as ações das pessoas são dominadas por lógica e racionalidade prioritariamente às emoções.
- **Conformidade exigida**: o quanto as pessoas têm flexibilidade de ação dentro do contexto organizacional e a organização conscientiza acerca da necessidade de obediência a normas e regulamentos formais.
- **Ênfase na participação**: o quanto as pessoas são consultadas e envolvidas nas decisões e suas ideias e sugestões são aceitas.
- **Proximidade da supervisão**: o quanto de controle cerrado a administração impõe sobre as pessoas; liberdade dos funcionários

para fixar seus métodos de trabalho; e possibilidade de exercitar a iniciativa.
- **Consideração humana**: o quanto as pessoas são tratadas como seres humanos e recebem de atenção em termos humanos.
- **Adequação da estrutura**: o quanto o esquema organizacional facilita as ações das pessoas e a existência de práticas, normas, procedimentos e canais de comunicação consistentes com os requisitos de trabalho.
- **Autonomia presente**: autonomia das pessoas, se elas se sentem como seus próprios patrões e o quanto não precisam ter suas decisões verificadas.
- **Recompensas proporcionais**: o quanto as pessoas são recompensadas pelo trabalho que fazem e ênfase dada em recompensas positivas ao invés de punições, bem como quão justas são as políticas de pagamento e promoções.
- **Prestígio obtido**: percepção das pessoas sobre sua imagem no ambiente externo pelo fato de pertencerem à organização e o quanto esta projeta seus membros no ambiente.
- **Cooperação existente**: o quanto a amizade e as boas relações sociais prevalecem na atmosfera de trabalho da organização, grau de confiança entre os membros e grau em que a interação entre as pessoas é sadia.
- **Padrões enfatizados**: grau de importância atribuída pelas pessoas às metas e aos padrões de desempenho e ênfase dada à realização de um bom trabalho.
- **Atitude frente a conflitos**: o quanto as pessoas estão dispostas a servir e considerar diferentes opiniões e a ênfase relativa dada pelas pessoas em "levantar o problema" ao invés de ignorá-lo.
- **Sentimento de identidade**: o quanto as pessoas manifestam um sentimento de pertencer à organização e dão valor à organização da qual fazem parte.

- **Tolerância existente**: o grau em que os erros das pessoas são tratados de forma suportável e construtiva em vez de punitiva.
- **Clareza percebida**: grau de conhecimento das pessoas em relação aos assuntos que lhes dizem respeito e o quanto a organização as informa sobre as formas e as condições de seu progresso.
- **Justiça predominante**: grau em que predominam, nos critérios de decisão, as habilidades e os desempenhos, em detrimento dos aspectos políticos, pessoais ou credenciais.
- **Condições de progresso**: ênfase com que a organização provê a seus membros oportunidades de crescimento e avanço profissional e o quanto a organização atende a suas aspirações e expectativas de progresso.
- **Apoio logístico proporcionado**: grau em que a organização provê às pessoas as condições e os instrumentos de trabalho necessários para um bom desempenho e o quanto a organização facilita seus trabalhos principais.
- **Reconhecimento proporcionado**: o quanto a organização valoriza um desempenho ou uma atuação acima do padrão por parte de seus membros e o quanto o esforço individual diferenciado é reconhecido.
- **Forma de controle**: o quanto a organização usa custos, produtividade e outros dados de controle para efeito de auto-orientação e solução de problemas, em vez de utilizá-los para policiamento e castigo.

4.3.5 Modelo de Bedani

O modelo de Bedani (2006) avalia o clima organizacional por meio das dimensões psicossocial e organizacional. A dimensão psicossocial diz respeito aos sentimentos e às atitudes do funcionário com relação às pessoas, ao trabalho e à própria organização. A dimensão organizacional, por sua vez, refere-se às condições proporcionadas pela organização para o bom desempenho da função, mensurando a clareza organizacional e o padrão de desempenho e recompensa, além do volume de trabalho.

A seguir, são apresentados os indicadores de cada uma das dimensões do modelo de Bedani (2006).

Quadro 4.2 – Indicadores de clima organizacional do modelo de Bedani

Dimensão psicossocial	Dimensão organizacional
Estilo de gerência Fator que evidencia o comportamento típico ou a maneira predominante de ação do gerente no relacionamento com a equipe e no processo de influenciar indivíduos ou grupos para atingir todos os objetivos.	**Carga de trabalho** Percepção dos funcionários em relação à variedade de retribuições que lhes são oferecidas como compensação ou contrapartida pelo seu desempenho ou pela sua contribuição prestada à empresa.
Comprometimento organizacional Fator que permite saber o comprometimento, a percepção de identidade e o envolvimento dos funcionários com a empresa e o trabalho.	**Condições de trabalho** Percepções dos funcionários em relação às condições físicas, aos instrumentos e equipamentos e a qualquer suporte necessário para a realização dos trabalhos.

(continua)

(Quadro 4.2 – conclusão)

Dimensão psicossocial	Dimensão organizacional
Trabalho em equipe Fator que verifica a percepção quanto à cooperação, à soma de esforços, à amizade e à compreensão entre os funcionários do setor ou da área para atingir objetivos.	**Clareza organizacional e padrão de desempenho** Percepção dos funcionários sobre a clareza da missão, das políticas e diretrizes e dos objetivos institucionais, além do padrão de desempenho esperado.
Reconhecimento Fator que averigua se o funcionário se sente reconhecido e se é valorizado como profissional e como pessoa no trabalho pelos colegas de nível hierárquico igual, superior ou inferior.	

Fonte: Adaptado de Bedani, 2006.

4.3.6 Modelo de Luz

O modelo proposto por Luz (2003) foi baseado em um levantamento feito com 17 grandes empresas nacionais e multinacionais, instaladas no município do Rio de Janeiro. Por meio dessa pesquisa, foram identificadas as seguintes variáveis:

- **Trabalho realizado**: adaptação dos funcionários aos trabalhos realizados; volume de trabalho realizado; horário de trabalho; justiça na distribuição dos trabalhos entre os funcionários; se o quadro de pessoal em cada setor é suficiente para realizar os trabalhos; se o trabalho é considerado relevante e desafiador; e equilíbrio entre trabalho e vida pessoal.

- **Salário**: uma das principais variáveis a serem pesquisadas, em função da sua importância sobre o grau de satisfação dos funcionários. Refere-se à percepção deles quanto à compatibilidade dos salários da empresa com os praticados no mercado; à possibilidade de obter aumentos salariais e viver dignamente com o salário; e à clareza quanto aos critérios do plano de cargos e salários da empresa.

- **Benefícios**: o quanto os benefícios atendem às necessidades e às expectativas dos funcionários, qualidade da prestação desses serviços aos funcionários e impacto na atração, fixação e satisfação dos funcionários.

- **Integração entre os departamentos da empresa**: grau de relacionamento e existência de cooperação e conflitos entre os diferentes departamentos da empresa.

- **Supervisão (liderança) estilo gerencial**: satisfação dos funcionários com os seus gestores, qualidade da supervisão exercida, capacidade técnica, humana e administrativa dos gestores, bem como grau de *feedback* dado por eles.

- **Comunicação**: grau de satisfação com o processo de divulgação dos fatos da empresa e satisfação quanto à forma e aos canais de comunicação utilizados pela empresa.

- **Treinamento/desenvolvimento/carreira**: oportunidades que os trabalhadores têm de se qualificar, atualizar e desenvolver profissionalmente.

- **Possibilidades de progresso profissional**: satisfação dos trabalhadores quanto às possibilidades de promoção e crescimento na carreira e de realização de trabalhos desafiadores e importantes. Referem-se às possibilidades de os funcionários participarem de projetos que representam experiências geradoras de aumento de empregabilidade e realização profissional, bem como ao uso e aproveitamento das potencialidades dos funcionários.

- **Relacionamento interpessoal**: qualidade das relações pessoais entre os funcionários (entre si e com suas chefias, entre os funcionários e a empresa) e existência e intensidade de conflitos.
- **Estabilidade no emprego**: grau de segurança dos funcionários em relação a seus empregos, assim como o *feedback* que recebem sobre seu rendimento.
- **Processo decisório**: opinião dos funcionários sobre a qualidade do processo decisório e o quanto a empresa é ágil, participativa, centralizada ou descentralizada em suas decisões.
- **Condição física de trabalho**: qualidade e conforto das condições físicas, das instalações e dos recursos colocados à disposição dos funcionários para a realização de seus trabalhos (postos de trabalho, vestiários, horário de trabalho, local de trabalho, recursos disponíveis para o trabalho etc.).
- **Participação**: diferentes formas de participação dos funcionários no cotidiano da empresa; grau de conhecimento e envolvimento deles com os assuntos relevantes da empresa; participação dos funcionários na definição de objetivos do próprio setor de trabalho e na gestão da empresa.
- **Pagamento de salário**: incidência de erros na folha de pagamento e conhecimento que os funcionários têm sobre os códigos de proventos e descontos lançados na folha de pagamento.
- **Segurança do trabalho**: percepção e satisfação dos funcionários quanto às estratégias de prevenção e controle da empresa em relação a riscos de acidente e doenças ocupacionais.
- **Objetivos organizacionais**: clareza e transparência da empresa quanto à comunicação dos objetivos organizacionais e departamentais aos seus funcionários.

- **Orientação da empresa para os resultados**: como a empresa é percebida pelos funcionários em relação ao esforço de orientar-se para a consecução de seus resultados.
- **Disciplina**: grau de rigidez disciplinar da empresa e justiça na aplicação de punições.
- **Imagem da empresa**: opinião dos funcionários sobre como a empresa é percebida no mercado pelos clientes, pelos fornecedores e pela comunidade.
- **Estrutura organizacional**: opinião dos funcionários sobre a adequação da estrutura da empresa para o processo decisório, além da comunicação e da consecução dos objetivos organizacionais.
- **Ética e responsabilidade social**: o quanto a empresa é ética e cumpre com sua responsabilidade social.
- **Qualidade e satisfação do cliente**: percepção dos funcionários quanto ao compromisso da empresa em relação a processos e serviços e à satisfação dos clientes.
- **Reconhecimento**: o quanto a empresa adota mecanismos de valorização e reconhecimento de seus funcionários.
- **Vitalidade organizacional**: ritmo das atividades desenvolvidas pela empresa – se ela tem vitalidade ou se é uma empresa em que as mudanças se processam muito lentamente.
- **Direção e estratégias**: satisfação dos funcionários quanto à qualidade da direção, das estratégias adotadas e da condução dos negócios da empresa.
- **Valorização dos funcionários**: o quanto a empresa valoriza e respeita seus recursos humanos, oferece-lhes oportunidades e investe neles.
- **Envolvimento/comprometimento**: o quanto os funcionários se sentem envolvidos e comprometidos com os objetivos e os

resultados da empresa, assim como o quanto essa adesão é voluntária ou compulsória.
- **Trabalho em equipe**: o quanto a empresa estimula e valoriza o trabalho em equipe para a solução de problemas, a busca de oportunidades, o aprimoramento de processos e a inovação.
- **Planejamento organizacional**: o quanto os funcionários percebem a empresa como bem planejada e bem organizada pelos gestores.

4.3.7 Modelo de Halpin e Grolf

O modelo de Halpin e Grolf, apresentado por Rizzatti (2002), constitui-se de oito fatores de clima organizacional, os quais descrevem os comportamentos do subordinado e do líder. Os indicadores propostos se referem a aspectos relacionais e não consideram as características da organização e das tarefas executadas pelo empregado.

- **Falta de entrosamento**: referente ao empregado que não está entrosado com as tarefas que devem ser realizadas no grupo.
- **Obstáculo**: referente ao empregado que sente que está sobrecarregado e ocupado com atividades de rotina.
- **Espírito**: referente ao empregado que sente que suas necessidades sociais estão sendo preenchidas ao mesmo tempo que experimenta um sentimento de realização no trabalho.
- **Amizade**: referente ao atendimento das necessidades sociais dos empregados e de suas relações de amizade – sem estar necessariamente relacionado ao sentimento de realização no trabalho.
- **Distância**: referente à distância entre o superior e o empregado, isto é, o comportamento formal do superior comparado ao seu comportamento informal.

- **Produção:** referente à supervisão cerrada por parte do administrador.
- **Estímulo:** referente ao comportamento do supervisor orientado para a tarefa e o desejo de motivar o empregado a realizar o trabalho.
- **Consideração:** referente ao supervisor que considera o empregado como pessoa, valorizando suas necessidades.

4.3.8 Modelo de Schneider

O modelo de Schneider, segundo Rizzatti (2002), apresenta seis fatores para a mensuração do clima organizacional, aplicados à esfera da organização pública, a saber:

- **Suporte administrativo:** interesse ativo que o supervisor tem no progresso do servidor, colaborando com ele e mantendo relações de amizade.
- **Estrutura administrativa:** grau em que o administrador faz uso de orçamentos e exige do servidor o uso de material de venda e obtenção de novos clientes.
- **Preocupação com novos servidores:** aspectos de seleção, orientação e treinamento de novos servidores.
- **Independência dos servidores:** servidores que procuram seguir seus próprios caminhos; independência do agente com relação aos controles feitos.
- **Conflitos internos:** presença de conflitos em grupos internos ou externos à empresa e boicote da autoridade administrativa.
- **Satisfação geral:** grau em que a empresa promove encontros sociais periódicos dos empregados com a supervisão.

4.3.9 Modelo de Campbell

Conforme Rizzatti (2002), o modelo de Campbell é um dos mais conhecidos, pois apresenta dimensões comuns utilizadas em qualquer instrumento de clima organizacional. Essas dimensões são as seguintes:

- **Autonomia individual**: fatores de responsabilidade individual, independência e oportunidades para usar iniciativa pessoal na tomada de decisões.
- **Grau de estrutura**: grau em que os objetivos e os métodos para o trabalho são estabelecidos e comunicados ao subordinado pelo supervisor.
- **Orientação para recompensa**: fatores de recompensa, satisfação geral, orientação para a promoção e autorrealização.
- **Consideração, calor e apoio**: fatores de suporte administrativo, treinamento de subordinados, amizade e apoio.

4.3.10 Modelo de La Follete e Sims

O modelo de La Follete e Sims, de acordo com Rizzatti (2002), apresenta indicadores que se referem a aspectos organizacionais e individuais, a saber:

- **Grau efetivo em relação a outras pessoas da organização**: forma como o indivíduo percebe seus colegas e outras pessoas na organização.
- **Grau efetivo em relação à supervisão e/ou organização**: forma como o indivíduo percebe a supervisão.
- **Clareza das políticas e promoções**: maneira como o indivíduo identifica as políticas organizacionais e as oportunidades de promoção.

- **Pressões no trabalho e padrões**: sentimento de pressão no trabalho e ênfase dada pela supervisão a altos padrões de desempenho.
- **Comunicação aberta e ascendente**: comunicação entre os empregados e supervisores e desejo dos supervisores em aceitar as ideias dos subordinados e aconselhá-los em sua carreira.
- **Risco na tomada de decisão**: grau de risco na tomada de decisão administrativa.

4.3.11 Modelo de Peltz e Andrews

O modelo de Peltz e Andrews, segundo Rizzatti (2002), foi desenvolvido para pesquisa realizada com cientistas e engenheiros de 11 organizações industriais, governamentais e universitárias, com o objetivo de estudar a influência da administração dos laboratórios no desempenho dos indivíduos. Os resultados que originaram os indicadores são apresentados a seguir:

- **Liberdade**: liberdade, autonomia, independência e também interação com outros colegas, desde que estes não tenham o poder de veto uns sobre os outros.
- **Comunicação**: troca de ideias, busca e fornecimento de informações, críticas e apologias.
- **Diversidade**: funcionários com várias especializações, atividades diversificadas, tarefas práticas teóricas, técnicas e administrativas são mais eficientes do que aqueles altamente especializados.
- **Dedicação**: funcionários envolvidos no trabalho, com entusiasmo, interesse e dedicação, são mais eficazes.
- **Motivação**: funcionários motivados por fontes internas são mais eficazes do que aqueles motivados por estímulos externos.

- **Satisfação**: funcionários mais realizadores não são necessariamente os mais satisfeitos.
- **Similaridade**: funcionários que pensam de maneira diferente, mas com semelhanças nas fontes de motivação, têm melhor desempenho, pois as diferenças provocam uma tensão intelectual estimulante e necessária à inovação, e as similaridades, uma segurança emocional necessária para suportar a ansiedade da atividade criativa.
- **Criatividade**: funcionários são mais criativos atuando em projetos novos, de curto prazo e como membros de equipe, com acesso ao poder decisório e com comunicação livre – se compararmos essas condições a situações restritivas e menos flexíveis.
- **Idade**: funcionários produzem mais em meados de sua carreira, quando têm interesses amplos e não limitados.
- **Grupos**: funcionários são produtivos em grupos com quatro a cinco anos de existência; após esse período, tornam-se menos entusiasmados, competitivos e comunicativos e mais inclinados à especialização.

4.3.12 Modelo de Zohar

O modelo de Zohar adota uma perspectiva diferenciada, pois sua proposta de pesquisa apresenta a percepção dos indivíduos sobre as condições de segurança no trabalho – trata-se do clima de segurança (Rizatti, 2002). Vale ressaltar que essa pesquisa produz melhores resultados se aplicada em organizações nas quais as condições de trabalho apresentam altos níveis de periculosidade e insalubridade. Os indicadores do modelo de Zohar, conforme Rizzatti (2002), são os seguintes:

- importância e eficiência do programa de treinamento em segurança;
- atitudes da administração com relação à segurança;
- efeito da conduta segura sobre as promoções;
- nível de risco nos locais de trabalho;
- efeitos do ritmo de trabalho necessário sobre a segurança;
- *status* do oficial de segurança;
- efeito da conduta segura no *status* social;
- *status* do comitê de segurança.

4.3.13 Modelo de Colossi

O modelo de Colossi, segundo Rizzatti (2002), leva em consideração os seguintes fatores:

- filosofia e ambiente geral da empresa;
- condições físicas de trabalho;
- sistema de avaliação e controle;
- treinamento e desenvolvimento profissional;
- progresso funcional;
- comportamento das chefias;
- satisfação pessoal;
- sistema de assistência e benefício;
- lazer;
- relacionamento sindical.

4.3.14 Modelo de Rizzatti

O modelo de Rizzatti (2002) teve como objetivo desenvolver um instrumento de pesquisa de clima para aplicação em organizações universitárias. Os indicadores do modelo são apresentados no Quadro 4.3.

Quadro 4.3 – Modelo de Rizzatti

Indicadores	Elementos
Imagem institucional	Satisfação do usuário.
	Sentimento de identidade.
	Prestígio obtido.
Políticas de recursos humanos	Políticas governamentais.
	Políticas institucionais.
	Ações sindicais.
Sistema de assistência e benefícios	Plano de recursos humanos.
	Benefícios legais.
	Benefícios assistenciais.
Estrutura organizacional	Tamanho da instituição.
	Complexidade da instituição.
	Tecnologia da instituição.
Organização e condições de trabalho	Condições ergonômicas.
	Controle, tempo e conservação no serviço.
Relacionamento interpessoal	Relacionamento existente.
	Cooperação existente.
	Consideração humana.
Comportamento das chefias	Honestidade e credibilidade.
	Conhecimento das atividades.
	Estilo de liderança.
Satisfação pessoal	Satisfação no trabalho.
	Jornada de trabalho.
	Reconhecimento proporcionado.
Planejamento institucional	Informação.
	Comprometimento.
	Participação.

(continua)

(Quadro 4.3 – conclusão)

Indicadores	Elementos
Processo decisório	Delegação.
	Comunicação.
	Conflitos de interesse.
Autonomia institucional	Políticas do governo.
	Estratégia da instituição.
Avaliação institucional	Controle da qualidade dos serviços.
	Cultura organizacional.

Fonte: Adaptado de Rizzatti, 2002, p. 268-274.

4.3.15 Modelo de Bispo

O modelo de Bispo (2006) visa ao alinhamento das influências internas e externas para a avaliação do clima organizacional.

No que se refere aos fatores internos de influências, destacam-se:

- **Ambiente de trabalho**: grau de relacionamento entre os colegas de trabalho, necessário para a realização das atividades individuais ou coletivas.
- **Assistência aos funcionários**: nível de assistência médica, dentária, hospitalar e social aos funcionários.
- **Burocracia**: compatibilidade entre esse item e as atividades realizadas pelos funcionários.
- **Cultura organizacional**: nível de interferência que as tradições, as práticas e os costumes, adotados informalmente na empresa, exercem sobre os funcionários e suas atividades.
- **Estrutura organizacional**: nível de relacionamento e capacitação dos elementos que compõem a estrutura e sua interferência nas atividades realizadas pelos funcionários.

- **Nível sociocultural**: adequação entre os níveis intelectual, cultural e social dos funcionários às necessidades inerentes às suas atividades.
- **Incentivos profissionais**: nível de reconhecimento profissional dos funcionários.
- **Remuneração**: adequação entre esse item e as atividades prestadas à empresa.
- **Segurança profissional**: risco de demissão sem motivo percebido pelos funcionários.
- **Transporte casa/trabalho – trabalho/casa**: nível de dificuldade encontrado para a locomoção entre a casa dos funcionários e a empresa e vice-versa.
- **Vida profissional**: grau de identificação profissional dos funcionários com a empresa, visando-se medir o nível de seu orgulho em relação à empresa e de seu sucesso profissional.

No que tange aos fatores externos de influência, Bispo (2006) apresenta:

- **Convivência familiar**: nível da convivência familiar dos funcionários, item necessário para uma boa produtividade nas atividades realizadas na empresa.
- **Férias e lazer**: grau de satisfação dos funcionários nesse quesito, que também é necessário para garantir uma boa produtividade.
- **Investimentos e despesas familiares**: nível do bem-estar proporcionado às famílias dos funcionários.
- **Política e economia**: nível de interferência proporcionado por estes itens na motivação dos funcionários.
- **Saúde**: opinião dos próprios funcionários sobre sua saúde física e mental, item de extrema importância e de difícil observação.
- **Segurança pública**: nível de influência desse item na vida diária dos funcionários.

- **Situação financeira**: o fato de um funcionário ter uma boa remuneração não é suficiente para indicar se ele tem uma boa situação financeira.
- **Time de futebol**: item cuja influência sobre a produtividade dos funcionários já foi comprovada cientificamente; procura-se medir, portanto, o nível de interferência que os times de futebol exercem sobre a motivação e a produtividade dos funcionários.
- **Vida social**: nível de satisfação dos funcionários com sua vida social.

Os indicadores propostos por Bispo (2006) apresentam o individual sob uma perspectiva integral e situada. Uma das principais diferenças em relação aos outros modelos é a consideração da influência dos relacionamentos familiares e em sociedade sobre a satisfação no trabalho.

4.4 Tipos de clima organizacional

Segundo Maximiano (1995), o clima organizacional pode ser classificado em favorável ou positivo e desfavorável ou negativo; ambas as formas são passíveis de acarretar consequências para a empresa.

Para o autor, o clima organizacional é favorável quando predominam na empresa atitudes positivas, como a boa comunicação interna, a integração entre departamentos, a tônica favorável, a alegria, a confiança, o entusiasmo e a dedicação. O clima organizacional desfavorável, por sua vez, existe, ainda segundo Maximiano (1995), quando algumas variáveis organizacionais ou ambientais afetam de maneira negativa o ânimo da maioria dos funcionários, gerando tensão, discórdia, rivalidade, resistência às ordens, sabotagem, roubo, falta de participação, entre outros fatores.

Uma outra tipologia de clima organizacional nos é apresentada por Bispo (2006), que considera a existência de: clima favorável, clima mais ou menos favorável e clima desfavorável. O Quadro 4.4 apresenta as principais consequências do clima organizacional.

Quadro 4.4 – Tipologias de clima organizacional

Clima organizacional		
Desfavorável	Mais ou menos	Favorável
Frustração.	Indiferença.	Satisfação.
Desmotivação.	Apatia.	Motivação.
Falta de integração entre empresa e funcionários.	Baixa integração entre empresa e funcionários.	Alta integração entre empresa e funcionários.
Falta de credibilidade mútua entre empresa e funcionários.	Baixa credibilidade mútua entre empresa e funcionários.	Alta credibilidade mútua entre empresa e funcionários.
Falta de retenção de talentos.	Baixa retenção de talentos.	Alta retenção de talentos.
Improdutividade.	Baixa produtividade.	Alta produtividade.
Pouca adaptação à mudança.	Média adaptação à mudança.	Maior adaptação à mudança.
Alta rotatividade.	Média rotatividade.	Baixa rotatividade.
Alta abstenção.	Média abstenção.	Baixa abstenção.
Pouca dedicação.	Média dedicação.	Alta dedicação.
Baixo comprometimento com a qualidade.	Médio comprometimento com a qualidade.	Alto comprometimento com a qualidade.
Clientes insatisfeitos.	Clientes indiferentes.	Clientes satisfeitos.
Pouco aproveitamento nos treinamentos.	Médio aproveitamento nos treinamentos.	Maior aproveitamento nos treinamentos.

(continua)

(Quadro 4.4 – conclusão)

Clima organizacional		
Desfavorável	Mais ou menos	Favorável
Falta de envolvimento nos negócios.	Pouco envolvimento nos negócios.	Maior envolvimento nos negócios.
Aumento no número de doenças psicossomáticas.	Alguns casos de doenças psicossomáticas.	Raros casos de doenças psicossomáticas.
Insucesso nos negócios.	Estagnação nos negócios.	Sucesso nos negócios.

Fonte: Adaptado de Bispo, 2006, p. 259.

Vale destacar que, conforme Pasetto e Mesadri (2012), um clima organizacional neutro requer atenção e cuidado. O clima neutro revela que as pessoas ainda não têm opinião formada sobre a organização em que trabalham, e isso requer dos profissionais a implantação de políticas de recursos humanos de forma mais pontual.

Síntese

Estudamos, neste capítulo, que o clima organizacional pode ser entendido como a percepção dos funcionários sobre o ambiente organizacional. Apesar de ser elemento constituinte da cultura organizacional, vimos que o clima se refere ao estado de espírito da organização, ao passo que a cultura é a identidade da organização. Conhecemos também diversos modelos de indicadores que podem ser utilizados para mensurar o clima organizacional: modelo de Litwin e Stringer; modelo de Kolb; modelo de Coda; modelo de Sbragia; modelo de Bedani; modelo de Luz; modelo de Halpin e Grolf; Modelo de Schneider; modelo de Campbell; modelo de La Follete e Sims; modelo de Peltz e Andrews; modelo de Zohar, modelo de Colossi; modelo de Rizzatti; modelo de Bispo. Por fim, vimos que o clima organizacional pode ser positivo, negativo e neutro e que cada um desses resultados gera uma série de consequências para o indivíduo e a organização.

Questões para revisão

1. Assinale a alternativa que apresenta corretamente a característica de um clima desagradável, prejudicial e desfavorável:
   a) Entusiasmo.
   b) Tônica favorável.
   c) Rivalidade.
   d) Dedicação.

2. Assinale a alternativa que apresenta corretamente a característica de um clima organizacional favorável:
   a) Entusiasmo.
   b) Sabotagem.
   c) Rivalidade.
   d) Tensões.

3. O clima organizacional, segundo Schein (2009), é um dos principais elementos da cultura organizacional, sendo definido como os sentimentos das pessoas e a maneira como interagem entre si, com os clientes ou os elementos externos.
   Selecione a alternativa que relaciona corretamente os tipos de mudança (indicados na coluna 1) com sua respectiva definição (coluna 2). Em seguida, marque a alternativa que apresenta a sequência correta:

Coluna 1	Coluna 2
1. Cultura organizacional	( ) Estado de espírito da organização.
	( ) Grau de motivação/comprometimento.
	( ) Médio a longo prazo.
2. Clima organizacional	( ) Curto a médio prazo.
	( ) Personalidade da organização.
	( ) Grau de satisfação e lealdade.

a) 1, 1, 1, 1, 1, 1.
b) 2, 2, 2, 2, 2, 2.
c) 2, 1, 1, 2, 1, 2.
d) 1, 2, 2, 1, 2, 1.

4. No que se refere às influências, Araújo e Tagliocolo (2007) afirmam que o clima organizacional ocorre no âmbito organizacional, sendo afetado por quatro grandes dimensões. Uma delas afeta a produtividade do funcionário e pode ser causada por questões pessoais e organizacionais, cabendo ao administrador desenvolver ações que amenizem os impactos negativos. Qual é essa dimensão?

5. Há uma dimensão que relaciona líder e colaborador. Bons líderes influenciam e motivam seus colaboradores e sua equipe de trabalho e, assim, a organização se torna mais eficiente e eficaz. Qual é essa dimensão?

Questões para reflexão

1. Analise a importância do clima organizacional no dia a dia das organizações.

2. Aponte as consequências de um clima organizacional favorável.

3. Indique as consequências de um clima organizacional desfavorável.

4. Avalie o que representa o clima organizacional neutro.

5. Com base nos 15 modelos de indicadores de clima organizacional apresentados neste capítulo, construa um modelo que seja adequado à organização em que você trabalha.

Para saber mais

Para conhecer as etapas da maior pesquisa de clima organizacional realizada no Brasil, confira o texto disponível no *link* a seguir:

> AS MELHORES empresas para você trabalhar 2014. Exame, São Paulo, 2014. Disponível em: <http://exame.abril.com.br/revista-voce-sa/melhores-empresas-para-trabalhar/inscricoes/2014/etapas-da-pesquisa.shtml>. Acesso em: 14 maio 2014.

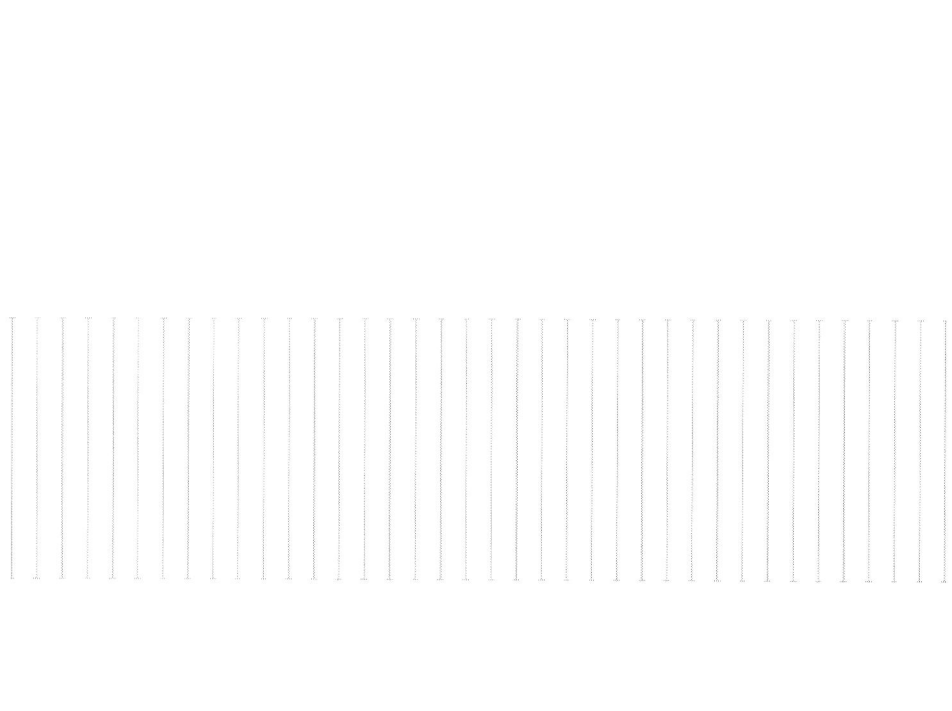

Gestão do clima organizacional

Conteúdos do capítulo

- Razões para se avaliar o clima organizacional.
- Pesquisa de clima organizacional.
- Estrutura dos instrumentos de pesquisa de clima organizacional.
- Gestão do clima organizacional.
- Etapas para o gerenciamento do clima organizacional.
- Alternativas para a mensuração do clima organizacional.
- Recomendações para a pesquisa e a gestão do clima organizacional.

Após o estudo deste capítulo, você será capaz de:

1. compreender a importância de mensurar o clima organizacional;
2. entender os conceitos e os objetivos da pesquisa de clima organizacional;
3. construir instrumentos de mensuração do clima organizacional;
4. aprender a aplicar uma pesquisa de clima organizacional;
5. aplicar cada uma das etapas de gestão do clima organizacional.

No capítulo anterior, estudamos o clima organizacional e introduzimos possíveis modelos a serem utilizados para sua mensuração. Neste capítulo, aprofundaremos a discussão anterior, tratando da aplicação prática da pesquisa de clima organizacional e da gestão do clima organizacional.

5.1
Por que avaliar o clima organizacional?

As empresas comumente dispõem de programas de relacionamento com o cliente externo, a fim de avaliarem a percepção deste sobre os produtos ou os serviços oferecidos. Por outro lado, elas ouvem também a opinião de seus clientes internos (funcionários) sobre como eles percebem a organização, seu trabalho e o relacionamento com colegas e chefias (Pasetto; Mesadri, 2012).

É em virtude dessa necessidade de ouvir o cliente interno que se apresenta a importância de avaliar o clima organizacional, objetivando o alinhamento entre os esforços individuais e organizacionais, sempre em função da estratégia organizacional.

No que se refere aos benefícios do monitoramento do clima organizacional, Altmann (2000) evidencia: (1) maior envolvimento dos funcionários com relação ao seu ambiente de trabalho, gerando maior satisfação, redução de absenteísmo e melhoria de desempenho; (2) melhoria da comunicação e facilidade de acesso às informações para o corpo gerencial; (3) oportunidade de comparar as características do ambiente de trabalho da organização com o de outras organizações; (4) planejamento de ações para a prevenção de situações críticas que podem influenciar negativamente as equipes de trabalho.

Portanto, a avaliação de clima organizacional apresenta como principal vantagem a identificação dos pontos fortes e fracos da organização, por meio das opiniões dos clientes internos acerca das políticas de recursos humanos. Destaca-se, ainda, que um clima organizacional favorável traz benefícios significativos tanto para a organização quanto para seus funcionários.

5.2 Pesquisa de clima organizacional

O clima organizacional, segundo Coda (1997), é um indicador do grau de satisfação dos funcionários em relação a diferentes aspectos da cultura ou da realidade aparente da organização, tais como: valorização profissional e identificação com a empresa, modo de gestão, política de recursos humanos, missão da empresa e processo de comunicação. Fazendo uma analogia, a pesquisa de clima organizacional pode ser considerada um termômetro que tem por objetivo avaliar como os funcionários percebem o próprio trabalho, o relacionamento com os colegas e a chefia, a remuneração, os benefícios, entre outros indicadores.

Além disso, a pesquisa objetiva analisar a percepção dos funcionários sobre a organização e o ambiente de trabalho. De acordo com Luz (2003), essa pesquisa visa apontar problemas nas relações de trabalho e nas condições físicas em que ele é realizado. Com base nos resultados obtidos, os gestores podem adotar medidas que elevem a satisfação no trabalho.

Segundo Bispo (2006), a pesquisa de clima organizacional visa identificar a percepção dos funcionários sobre a realidade atual, uma vez que gera um diagnóstico da situação e fornece elementos objetivos e verificáveis das necessidades pontuais. Os resultados são valiosos instrumentos para o sucesso de programas voltados para a melhoria da qualidade, o aumento da produtividade e a adoção de políticas de recursos humanos.

Além das vantagens citadas, conforme Bispo (2006), esse tipo de pesquisa contribui para a compreensão da capacidade da organização em reter talentos. Ela pode contribuir, também, para a melhoria de processos comunicacionais, a redução dos índices de absenteísmo e rotatividade de pessoal, entre outros. Coda (1997), por sua vez, afirma que os resultados da pesquisa de clima mostram os verdadeiros níveis de motivação para o trabalho, fazendo com que observemos quatro fatores específicos:

- a existência de espaço para melhorias;
- a identificação dos funcionários relativamente mais satisfeitos ou insatisfeitos;
- os fatores que mais contribuem para a satisfação dos funcionários;
- a identificação dos possíveis efeitos das percepções negativas dos funcionários.

No que se refere à aplicação da pesquisa de clima, Luz (2003) evidencia que esta deve ser feita durante os períodos de neutralidade, evitando-se, assim, momentos de altos e baixos – a exemplo de falecimento de algum funcionário, demissões e período de pagamento de participação de lucros. Recomenda-se ainda a aplicação de um instrumento diferenciado para cada nível hierárquico, pois os níveis operacionais e gerenciais percebem o ambiente de maneiras distintas, além de terem linguagens diferentes, o que por si só justifica a adaptação do instrumento de pesquisa.

5.3
Estrutura dos instrumentos de pesquisa de clima organizacional

Segundo Luz (2003), os instrumentos de pesquisa de clima organizacional geralmente apresentam a seguinte estrutura:

1. **Instruções de preenchimento**: informação relevante pois os funcionários irão responder o instrumento sem o auxílio de outras pessoas, evitando-se erros no preenchimento e prejuízos na amostra.
2. **Identificação da unidade do respondente**: apesar de a pesquisa ser anônima, é importante que seja indicada a unidade do respondente para a análise dos resultados e a implementação das futuras ações adequadas a cada unidade.
3. **Questionário**: corpo de questões a serem assinaladas pelos funcionários para a mensuração do clima organizacional (você pode conferir exemplos de questionários no final do livro – anexos A, B, C, D e E).
4. **Espaço para sugestões**: parte subjetiva do instrumento que tem o objetivo de coletar as sugestões dos funcionários para a adoção de melhorias na organização (veja um modelo de espaço para sugestões no Anexo B, ao final do livro).
5. **Folha de resposta**: documento, separado das demais fichas, no qual os funcionários preenchem suas respostas.

5.4
Instrumentos de mensuração do clima organizacional

Já verificamos quais são os conceitos relativos à pesquisa de clima organizacional. Agora, é importante compreender a estrutura dos instrumentos utilizados para a aplicação de uma pesquisa desse tipo. Um modelo interessante é o de Bispo (2006). O instrumento é subdividido em duas partes (veja o modelo nos Anexos C e D, ao final do livro). Em um primeiro momento, avaliam-se os fatores internos à empresa que têm influência no comportamento dos colaboradores. Na segunda etapa, procura-se abordar os fatores externos que exercem influência direta no comportamento, nas ações e nas decisões dos funcionários dentro da empresa.

Outro instrumento de pesquisa de clima organizacional que usaremos para ilustrar os conceitos estudados foi elaborado com base nos indicadores do Great Place to Work Institute (veja o modelo no Anexo E). A seguir, apresentamos a descrição dos indicadores utilizados nessa pesquisa de clima, conforme Lemos (2007):

- **Comportamento das chefias**: detectado com perguntas como as seguintes: "A liderança deixa claro o que ela espera do nosso trabalho?", "Posso fazer qualquer pergunta razoável para os chefes e obter respostas diretas?", "A liderança age de acordo com o que fala?".
- **Respeito**: identificado com perguntas como as seguintes: "Eu recebo os equipamentos e os recursos necessários para realizar meu trabalho?", "Este é um lugar fisicamente seguro para se trabalhar?", "Nossas instalações contribuem para um bom ambiente de trabalho?".

- **Imparcialidade**: percebida por perguntas do tipo: "Eu sou bem tratado, independentemente de minha posição?", "Todos aqui têm a oportunidade de receber um reconhecimento especial?", "Eu acredito que os critérios de participação de lucros são justos?".
- **Orgulho**: detectado por meio de questões como: "As pessoas aqui estão dispostas a dar mais de si para concluir um trabalho?", "As pessoas têm vontade de vir para o trabalho?", "Sinto que eu sou valorizado aqui e que posso fazer a diferença?".
- **Camaradagem**: percebida por meio de perguntas como: "Este é um lugar agradável para se trabalhar?", "É possível contar com a colaboração das pessoas?", "Este é um lugar divertido para se trabalhar?".

Uma das pesquisas mais populares no Brasil, sempre amplamente divulgada, é a Melhores Empresas para Você Trabalhar. Essa pesquisa foi criada em 1997, em uma parceria da revista *Exame* com a Fundação Instituto de Administração (FIA). Considerada a maior pesquisa de clima do Brasil, é feita por meio de várias abordagens e procura ouvir tanto os funcionários quanto a empresa empregadora (As melhores..., 2014).

Para os funcionários, o instrumento se propõe a medir o grau de satisfação dos colaboradores em relação à empresa na qual trabalham. O questionário procura abordar quatro conceitos: identidade, satisfação/motivação, liderança, aprendizado. O instrumento aplicado às empresas é chamado de *Caderno de Evidências*, no qual a organização deve descrever as práticas adotadas referentes a quatro elementos: estratégia e gestão, liderança, políticas e práticas e cidadania. As duas fases da pesquisa são feitas de forma paralela.

Somente quando ambos os instrumentos são respondidos é que a pesquisa é encaminhada à revista *Exame* para que sejam realizadas as análises dos dados e a confecção de relatório. Posteriormente, são agendadas visitas nas empresas para o esclarecimento do processo de pesquisa.

5.5
Gestão do clima organizacional

A gestão do clima organizacional, segundo Gordon e Cummins, citados por Bedani (2006), tem como principal objetivo auxiliar os administradores a focarem os aspectos mais relevantes da organização. O clima organizacional pode ser gerenciado por meio de ações que se iniciam com o planejamento da pesquisa e se estendem até a avaliação dos resultados do plano de ação construído com base na pesquisa. Contudo, esse gerenciamento não é fácil, pois requer o apoio da alta gestão e o comprometimento coletivo para a criação de um clima organizacional favorável.

Como já indicamos neste capítulo, a gestão do clima organizacional não se limita apenas à aplicação da pesquisa de clima. Para que você compreenda melhor o processo, apresentamos, na Figura 5.1, as etapas de gestão do clima organizacional propostas por Bedani (2006).

Figura 5.1 – Etapas para a gestão do clima organizacional

```
                    ──► Investimento ──────┐
        ┌───────────────────────────────────┤
Acompanhamento  │                          │  Diagnóstico
        ▲       │      Gestão do clima     │     │
        │       │      organizacional      │     ▼
Implementação   │                          │  Intervenção
        ▲       └───────────────────────────┘
        │                                        │
        └────────── Comunicação ◄────────────────┘
```

Fonte: Bedani, 2006, p.1.

As etapas para a gestão do clima organizacional retratam o planejamento e a organização anterior à execução da pesquisa de clima; a execução e a análise da pesquisa; o desenvolvimento e a comunicação do plano de ação; a execução do plano de ação; e o monitoramento contínuo. Essas etapas são definidas da seguinte forma, segundo Bedani (2006, p. 1):

1. Investigação: etapa em que se define o instrumento a ser utilizado e realiza-se a pesquisa junto aos membros da organização.
2. Diagnóstico: tabulação dos dados coletados, identificando os focos de satisfação e insatisfação presentes no ambiente da organização.
3. Intervenção: elaboração de planos de ação, objetivando a melhoria dos aspectos desfavoráveis e manutenção dos pontos positivos diagnosticados.
4. Comunicação: divulgação, para todos os membros da organização, dos resultados da pesquisa e das ações

que serão implementadas, visando à melhoria da qualidade do clima.
5. Implementação: concretização do plano de ações no ambiente organizacional.
6. Monitoramento: acompanhamento e (re)avaliação contínua das ações implementadas em decorrência dos resultados observados.

Outra perspectiva para a execução da pesquisa de clima organizacional é indicada por Oliveira (1995), que analisa a gestão do clima levando em consideração apenas os aspectos inerentes à sua aplicação. A seguir, são apresentadas as etapas propostas por Oliveira (1995):

- **Preparação**: obtenção de informações mais precisas sobre o problema a ser identificado. Nesse caso, o principal objetivo é avaliar o clima organizacional.
- **Plano e metodologia de pesquisa**: formulação das questões de pesquisa e definição da amostra.
- **Execução da pesquisa**: coleta dos dados, ou seja, aplicação do instrumento de pesquisa.
- **Interpretação dos dados**: análise e avaliação dos dados recolhidos.
- **Conclusões teóricas**: estabelecimento de conclusões com base nos dados encontrados na etapa anterior.
- **Relatório final da pesquisa**: documento que apresenta os principais resultados, as conclusões finais e o que deve ser feito para minimizar os problemas encontrados e otimizar os aspectos positivos que emergiram com a pesquisa.

Para que você entenda melhor o processo de gestão do clima organizacional, apresentaremos na sequência a descrição de suas etapas, com base na proposta de Luz (2003).

5.5.1 Etapas de gerenciamento do clima organizacional

As etapas de gerenciamento do clima organizacional propostas por Luz (2003) auxiliam sobremaneira a compreensão do processo. Esse método inicia pelo processo de sensibilização da direção sobre a importância de se monitorar o clima organizacional e estende-se até a análise dos resultados do plano de ação. Para Luz (2003), a gestão do clima organizacional ocorre em 11 etapas. Vamos conhecê-las?

- **1ª etapa: obtenção de aprovação e apoio da direção.**

Nessa etapa, buscam-se a aprovação, o apoio e o comprometimento da direção com o projeto. Assim, para garantir essa adesão, pode-se recorrer à sensibilização sobre a importância do monitoramento e do gerenciamento de clima e à apresentação dos resultados esperados da ação, tais como: maior eficácia da gestão de pessoas, aumento da satisfação dos funcionários, diminuição das taxas de absenteísmo e rotatividade.

- **2ª etapa: planejamento da pesquisa.**

Nessa etapa, são definidos os seguintes aspectos:

- Objetivos da pesquisa: avaliar o clima, a cultura ou a satisfação, entre outros fatores.
- Público-alvo: todos os funcionários internos e terceirizados, estagiários, entre outros grupos possíveis.
- Responsável por conduzir a pesquisa: setor de recursos humanos (RH) ou consultoria externa.

- Técnicas de coleta: questionário, entrevista, método combinado, entre outras.
- Periodicidade de aplicação: não deve ser inferior a um ano.
- Preparação dos gestores: quando se tratar da aplicação da primeira pesquisa de clima organizacional.

- **3ª etapa: definição das variáveis a serem pesquisadas.**

Nessa fase, são definidos os indicadores ou as variáveis (ou seja, os assuntos) a serem analisados. Os modelos apresentados no Capítulo 4 irão auxiliá-lo na escolha das variáveis.

- **4ª etapa: montagem e validação do instrumento de pesquisa.**

Nessa etapa, é construído e validado, de modo independente ou com o auxílio de uma consultoria especializada, o instrumento de pesquisa. Vale lembrar que as empresas podem adotar modelos ou instrumentos de pesquisa prontos, tais como os exemplos indicados anteriormente neste capítulo.

Além disso, nessa etapa, é definido se o instrumento será aplicado de forma impressa ou eletrônica. Também são construídas as perguntas do instrumento e a respectiva escala de resposta. Após a confecção do instrumento, é necessária a realização de um teste piloto para verificar se as perguntas estão claras.

- **5ª etapa: parametrização.**

A parametrização, segundo Luz (2003), consiste na definição dos critérios para facilitar a tabulação (contagem) das diferentes opções de respostas. Cada opção de resposta do questionário de clima organizacional deve ser interpretada, no momento da tabulação, como uma manifestação de satisfação ou insatisfação do respondente.

- **6ª etapa: divulgação da pesquisa.**

Nessa etapa, os objetivos da pesquisa de clima e o período de realização desta são divulgados ao público-alvo. Essa divulgação pode ser realizada pelos próprios gestores de cada um dos setores da empresa, por correio eletrônico, intranet ou murais. O objetivo dessa etapa é atingir o maior número de respondentes da pesquisa.

- **7ª etapa: aplicação e coleta da pesquisa.**

Essa etapa se refere a como e onde a pesquisa será aplicada. A pesquisa de clima pode ser aplicada por meio de instrumento impresso ou eletrônico. Preferencialmente, ela deve ser realizada no ambiente de trabalho, pois realizá-la em outro local (em casa, por exemplo) pode influenciar as respostas.

Outro ponto importante é que os instrumentos de pesquisa não devem ser aplicados nem recolhidos pelos gestores ou superiores imediatos, pois esse fato pode induzir os funcionários a responderem positivamente os questionamentos somente para agradar os superiores.

- **8ª etapa: tabulação.**

Essa etapa consiste no processamento manual ou eletrônico dos dados coletados, com o propósito de calcular o percentual dos funcionários satisfeitos ou insatisfeitos em relação às variáveis inseridas no instrumento de pesquisa.

Quando uma pesquisa é feita para um grande número de pessoas, a tabulação manual torna-se extremamente trabalhosa. Nesses casos, recomenda-se que ela seja feita por meio de um sistema informatizado (Luz, 2003). Para a tabulação informatizada, recomendam-se *softwares* de tratamento estatístico ou planilhas eletrônicas. Confira, a seguir, um exemplo de tabulação elaborado com base no instrumento da pesquisa de clima da Melhores Empresas para Você Trabalhar (Hashimoto, 2009, p. 327).

- Temos a seguinte variável:

"Eu recomendaria aos meus parentes e amigos esta empresa como um excelente lugar para se trabalhar."

- As alternativas de resposta são:

1. Discordo totalmente.
2. Discordo na maioria das vezes.
3. Às vezes discordo, às vezes concordo.
4. Concordo na maioria das vezes.
5. Concordo totalmente.
6. SR – Sem resposta.

Por meio disso, a empresa irá verificar quantos funcionários selecionaram cada uma das alternativas de resposta, conforme indica o Quadro 5.1.

Quadro 5.1 – Exemplo de tabulação

Variável. "Eu recomendaria aos meus parentes e amigos esta empresa como um excelente lugar para se trabalhar."		
Alternativas de resposta	Número de respondentes	Percentual de respondentes
1. Discordo totalmente.	20	20%
2. Discordo na maioria das vezes.	30	30%
3. Às vezes discordo, às vezes concordo.	15	15%
4. Concordo na maioria das vezes.	5	5%
5. Concordo totalmente.	5	5%
6. SR – Sem resposta.	25	25%

- **9ª etapa: emissão de relatórios.**

Essa etapa se refere à confecção dos relatórios, os quais devem conter os resultados de cada variável e de cada setor. O relatório deve apresentar gráficos ou tabelas, seguidos de comentários sobre a variável analisada. Nesses comentários, devem ser ressaltados os pontos fortes e fracos do ambiente de trabalho, além da recomendação de ações para aumentar a satisfação das pessoas.

- **10ª etapa: divulgação dos resultados.**

O setor de RH deve entregar um relatório detalhado para a diretoria, que deverá ser consultada sobre a divulgação dos resultados aos demais funcionários e setores. Ressalta-se ainda que o relatório pode ser personalizado para os diversos públicos, pois a direção da organização pode preferir censurar alguns dados.

- **11ª etapa: definição dos planos de ação.**

Luz (2003) recomenda que a área de RH forme e coordene uma comissão de trabalho, composta por representantes das diferentes áreas da empresa, com o intuito de:

- priorizar as causas da insatisfação;
- discutir e apresentar à direção da empresa planos de ação com as medidas corretivas cabíveis.

Nessa fase, também são realizados o monitoramento e a avaliação das ações e dos rumos do passado, desde o acompanhamento do plano de ação até a revitalização de compromissos, além da comunicação interna quanto aos processos decisórios.

5.6
Recomendações para a pesquisa e a gestão do clima organizacional

A pesquisa de clima organizacional tem por objetivo "tirar um retrato" do momento atual da organização. Nesse sentido, é necessário que, durante a aplicação da pesquisa, sejam tomados alguns cuidados para garantir a confiabilidade e a fidedignidade das informações obtidas (Hampton, 1990; Luz, 2003).

As recomendações para a pesquisa de clima, segundo Luz (2003), são as seguintes:

- **Mantenha os funcionários informados** sobre a realização da pesquisa, objetivando maior adesão dos participantes. Os canais de comunicação mais comuns utilizados são o *e-mail*, a intranet, os *folders* fixados nos murais e também a comunicação verbal realizada pelos chefes dos setores sobre a

importância da participação dos funcionários na pesquisa de clima organizacional.
- Recomenda-se que a pesquisa seja desenvolvida por uma **consultoria independente**, evidenciando, assim, maior credibilidade, isenção e confidencialidade do processo. Caso a empresa não disponha de recursos para a contratação de uma consultoria externa, a pesquisa poderá ser realizada sob a liderança do setor de RH. Ressalta-se que o instrumento não deve ser aplicado por pessoa que tenha envolvimento com a unidade pesquisada nem pelo chefe imediato.
- Para que seja considerada como algo importante, é imprescindível que os funcionários percebam o **compromisso do corpo gerencial** da empresa com a iniciativa e os resultados da pesquisa.
- **O instrumento deve ser dividido em blocos**, facilitando-se, assim, seu preenchimento.
- Para a tabulação e a análise dos resultados, deve-se olhar para **a inter-relação entre os indicadores**, e não apenas para os dados isolados.
- **A pesquisa não deve ser aplicada em momentos de fortes emoções**, tais como períodos de pagamento de bônus, aumento salarial ou demissões, pois essas situações podem alterar positiva ou negativamente os resultados.
- A pesquisa deve ser aplicada a uma **amostra representativa** da população de funcionários, já que é impossível aplicá-la a todos os empregados, pois sempre haverá pessoas ausentes (férias, licenças e afastamentos).
- Os **resultados** da pesquisa devem ser **divulgados a todos** os funcionários.

- Deve ser desenvolvido um **plano de ação realista**, esclarecendo-se aos funcionários as ações, os prazos, as pessoas envolvidas e os resultados esperados.
- A pesquisa de clima deve ser aplicada com a **periodicidade superior a um ano**.

5.7
Alternativas para a mensuração do clima organizacional

Além da pesquisa para o monitoramento do clima organizacional, Luz (2003) aponta outras maneiras de o clima ser mensurado sem a necessidade de uma pesquisa, utilizando-se os modelos apresentados no Capítulo 4.

As formas alternativas para analisar o clima, segundo Luz (2003), são as seguintes:

- contato direto dos gestores com os seus subordinados;
- entrevista de desligamento;
- entrevista do serviço social com os empregados;
- *ombudsman*;
- programa de sugestões;
- sistema de atendimento às queixas e às reclamações;
- reuniões da equipe de relações trabalhistas com os funcionários;
- linha direta com o presidente;
- café da manhã com o presidente, os diretores ou os gerentes.

O clima organizacional pode ser monitorado pelos gestores por meio de reuniões com os colaboradores – contato direto que objetiva colher opiniões com os funcionários sobre os fatores que estes consideram positivos ou negativos.

A entrevista de desligamento é aplicada quando o funcionário desliga-se da organização. Essa entrevista deve ser realizada até no máximo um mês após o desligamento, com o objetivo de captar a percepção do ex-funcionário sobre a empresa. Ressalta-se que, se a demissão tiver ocorrido de maneira não amistosa, os resultados desse método poderão gerar informações falsas.

A entrevista do serviço social da empresa com seus funcionários pode ser utilizada como uma alternativa à pesquisa de clima, pois os profissionais de assistência social, em contato direto, podem observar e coletar com clareza as impressões dos funcionários.

Ombudsman refere-se ao profissional que busca informações sobre possíveis reclamações dos clientes internos e externos. Nesse caso, seria uma espécie de ouvidoria.

O programa de sugestões tem por objetivo ser um canal de comunicação entre a empresa e os funcionários, para que estes sugiram novas ideias que possam ajudar a melhorar o clima organizacional. A falta de sugestões pode demonstrar que o clima organizacional é desfavorável e que os funcionários desacreditam na qualidade da manifestação de ideias na organização.

O sistema de atendimento de queixas e reclamações pode ser utilizado para mediar atritos entre dirigentes e subordinados. Por meio dele, os superiores do chefe irão averiguar o ocorrido sob várias perspectivas. Um alto índice de conflitos sinaliza clima desfavorável.

As reuniões da equipe de relações trabalhistas objetivam atender de maneira satisfatória os funcionários e os sindicatos a fim de impedir a ineficiência produtiva e as greves.

A linha direta com o presidente oferece ao funcionário oportunidades de expressar suas percepções sobre o ambiente de trabalho.

Por fim, o café da manhã com o presidente, os diretores ou os gerentes faz com que as pessoas se sintam valorizadas por estarem próximas às pessoas importantes da organização. Esse momento, de caráter mais informal, possibilita à alta direção descobrir fatos do cotidiano da empresa que podem afetar seus rumos.

Síntese

Estudamos, neste capítulo, a importância da avaliação do clima organizacional, objetivando o aumento da satisfação dos funcionários e o desenvolvimento de uma política de recursos humanos alinhada às verdadeiras necessidades organizacionais.

Vimos também que a pesquisa de clima organizacional é uma importante ferramenta para a gestão do clima de uma organização. Ela apresenta uma série de etapas que envolvem a aprovação e o apoio da liderança, o planejamento da pesquisa, a identificação das variáveis a serem consideradas, a montagem e a validação dos instrumentos, a parametrização, a divulgação e a aplicação da pesquisa, a tabulação, a emissão dos relatórios, a divulgação dos resultados e o desenvolvimento do plano de ação. Além disso, conferimos exemplos de instrumentos de pesquisa de clima organizacional consagrados, como os utilizados por Bispo, pelo Great Place to Work Institute.

Também apresentamos alguns cuidados que devem ser tomados para que a realização da pesquisa de clima organizacional obtenha resultados fidedignos, além de formas alternativas para a avaliação do clima organizacional, como o contato direto dos gestores com os seus subordinados, a entrevista de desligamento, o programa de sugestões, o sistema de atendimento às queixas e às reclamações e o café da manhã com o presidente, os diretores ou os gerentes.

Questões para revisão

1. A proposta de etapas de gerenciamento do clima organizacional de Luz (2003) é a mais adequada para entender o processo, pois inicia pela sensibilização da direção sobre a importância de se monitorar o clima organizacional e estende-se até a análise dos resultados do plano de ação.
Assinale a alternativa que se refere corretamente à etapa de parametrização:
   a) Nessa etapa, são divulgados para o público-alvo os objetivos e o período de realização da pesquisa.
   b) Essa etapa se refere a como e onde a pesquisa será aplicada.
   c) Nessa etapa, são definidos os indicadores ou as variáveis a serem analisados na pesquisa de clima organizacional.
   d) Essa etapa tem por objetivo a definição de critérios para facilitar a tabulação (contagem) das diferentes opções de respostas.

2. A proposta de etapas de gerenciamento do clima organizacional de Luz (2003) é a mais adequada para analisar esse processo.
Assinale a alternativa que se refere corretamente à etapa de tabulação:
   a) Essa etapa consiste no processamento manual ou eletrônico dos dados coletados, com o propósito de calcular o percentual dos funcionários satisfeitos ou insatisfeitos em relação às variáveis inseridas no instrumento de pesquisa.
   b) Nessa etapa, são definidos os objetivos da pesquisa, o público-alvo, o responsável por conduzir a pesquisa,

as técnicas de coleta, a periodicidade de aplicação, entre outras questões de planejamento.

c) Nessa etapa, buscam-se a aprovação, o apoio e o comprometimento da direção com o projeto.

d) Essa etapa objetiva definir os critérios para facilitar a tabulação (contagem) das diferentes opções de respostas.

3. Acredita-se que a pesquisa de clima organizacional seja uma interessante ferramenta de gestão.

Assinale a alternativa que apresenta corretamente uma das recomendações para a aplicação da pesquisa de clima organizacional:

a) Deve ser aplicada a uma pequena amostra dos funcionários.
b) Deve ser conduzida por uma pessoa envolvida com a unidade avaliada.
c) A coleta dos dados deve ser feita pelo chefe imediato.
d) Os empregados devem ser comunicados do resultado.

4. Além da pesquisa para o monitoramento do clima organizacional, Luz (2003) aponta outras maneiras de o clima ser mensurado sem a necessidade de uma pesquisa. Na sequência, são apresentadas as características de uma dessas alternativas.

> Faz com que as pessoas se sintam valorizadas por estarem próximas às pessoas importantes na organização. Esse momento de caráter mais informal possibilita à alta direção descobrir fatos do cotidiano da empresa que podem afetar seus rumos.

A qual método se refere essa definição?

5. As etapas para a gestão do clima organizacional, segundo Bedani (2006), retratam o planejamento e a organização anterior à execução da pesquisa de clima, a execução e a análise da pesquisa,

o desenvolvimento e a comunicação do plano de ação, a execução do plano de ação e o monitoramento contínuo. Para esse autor, quais etapas compreendem a fase de comunicação?

Questões para reflexão

1. Aponte as consequências de a pesquisa de clima organizacional ser aplicada ou recolhida pela direção da empresa ou por superiores dos respondentes.

2. Indique quais etapas você seguiria para a aplicação da pesquisa de clima na empresa em que trabalha.

3. Você aplicaria a pesquisa de clima organizacional para todos os funcionários ou selecionaria uma amostra? Justifique sua decisão.

4. Em sua opinião, quais são as consequências de se aplicar a pesquisa de clima organizacional em momentos de greve ou demissões em massa?

5. Imagine-se como um gestor de pessoas e descreva como você construiria um plano de ação a partir dos resultados da pesquisa de clima organizacional.

Para saber mais

Confira o artigo "Um novo modelo de pesquisa de clima organizacional", de Bispo (2006). Nesse material, você irá encontrar diversos instrumentos de pesquisa de clima organizacional.

> BISPO, C. A. F. Um novo modelo de pesquisa de clima organizacional. **Produção**, v. 16, n. 2, p. 258-273, maio/ago. 2006. Disponível em: <http://www.scielo.br/pdf/prod/v16n2/06.pdf>. Acesso em: 17 mar. 2014.

Estudo de caso

A empresa multinacional japonesa Utiyama nomeou Douglas para trabalhar em sua filial brasileira. Sua função principal era tornar a cultura organizacional da filial idêntica à da matriz, mantendo o clima organizacional favorável. Assim que Douglas chegou ao Brasil, sofreu um forte impacto, devido às diferenças na forma como os brasileiros realizavam suas atividades e se relacionavam no ambiente de trabalho.

A implantação da cultura da matriz japonesa na filial brasileira sofreu muitas resistências, pois era totalmente diferente da cultura nacional. Os funcionários demonstravam profunda insatisfação com as mudanças e demonstravam-se impotentes, pois não sabiam a quem se reportar.

Douglas, sentindo que o clima organizacional não estava satisfatório, solicitou ao setor de recursos humanos (RH) a aplicação de uma pesquisa de clima organizacional a fim de mapear as áreas de insatisfação dos funcionários.

Com base no caso apresentado, responda os questionamentos a seguir:

1. É possível fazer com que a cultura de uma empresa multinacional seja idêntica em todos os países em que trabalha?
2. Qual é a influência da cultura organizacional para a manutenção de um clima organizacional favorável?
3. A pesquisa de clima organizacional aplicada durante o processo de mudança é adequada? Justifique.

Esta obra buscou compreender a lógica organizacional de uma maneira crítica e aprofundada. Para isso, recorremos à cultura organizacional, de modo a perceber como as organizações e seus indivíduos se comportam e como direcionam suas ações para o alcance de seus objetivos.

No primeiro capítulo, vimos que o entendimento dos aspectos culturais dá suporte a uma gestão mais eficiente e eficaz, favorecendo também a sustentabilidade organizacional por meio da transmissão e da sustentação de crenças, valores e atitudes compartilhados. Observamos que a cultura organizacional se manifesta em níveis, em aspectos tácitos e explícitos, que externalizam a essência da organização, a forma como gerencia suas atividades e a forma como promove a integração de seus membros e o reforço de sua cultura.

No segundo capítulo, avançamos em um aspecto profundo de nossas raízes como brasileiros – os traços nacionais. Como estudar cultura organizacional sem compreender a forma como os traços nacionais influenciam nosso dia a dia? Foram destacadas as influências dos traços nacionais no modo como gerenciamos nossas organizações, com ênfase para as práticas de recursos humanos de seleção, integração, remuneração e avaliação de pessoas. Essas práticas são fortemente impactadas por traços culturais, como o personalismo, o paternalismo, a cordialidade, o coletivismo e a aversão à incerteza.

No terceiro capítulo, destacamos como a organização pode empreender mudanças e lidar com suas consequências, tanto positivas quanto negativas. Assim, percebemos que, além da análise dos ambientes interno e externo e do desenvolvimento de práticas para minimizar as resistências e os conflitos, o gerenciamento da mudança deve estar alicerçado na análise da cultura.

Ao avançar na descoberta da essência das organizações, no quarto capítulo ficou claro que o clima organizacional refere-se às percepções sobre o ambiente interno da organização, de modo que seu monitoramento serve como direcionador das políticas de gestão e recursos humanos, além de contribuir para a mudança e o desenvolvimento organizacional.

Mas como realizar o monitoramento do clima? Por meio de que direcionadores? Você viu que há diversos indicadores de clima organizacional que o auxiliarão nessa tarefa. Com os indicadores estudados, é possível identificar qual deles é o mais adequado para a realidade da sua organização – ou, caso necessário, você poderá até mesmo criar um novo conjunto de indicadores que atenda às suas necessidades.

Por fim, examinamos o passo a passo para a gestão do clima organizacional, indo além da mera aplicação da pesquisa de clima. Vimos que a gestão do clima organizacional se inicia muito antes de ser feita a pesquisa e termina com o monitoramento dos resultados do plano de ação. Aqui nos perguntamos: como monitorar esses resultados? A resposta é simples: com uma nova pesquisa de clima. Assim, poderemos comparar os resultados atuais com os resultados anteriores. Somente desse modo poderemos avaliar se as ações empreendidas geraram resultados positivos para os indivíduos e para a organização.

Chegamos ao final de nossa jornada. Estudar a cultura e o clima organizacional nos leva ao aspecto mais profundo das organizações: perceber com clareza a maneira como as pessoas agem e se relacionam entre si e a forma como as práticas gerenciais e as práticas de recursos humanos são construídas.

Referências

ALTMANN, R. Forecasting your Organizational Climate. Journal of Property Management, Chicago, v. 65, n. 4, p. 62-67, July/Aug. 2000.

ARAÚJO, G. C. de; TAGLIOCOLO, C. Clima organizacional: um estudo sobre as quatro dimensões de análise. In: SIMPÓSIO DE EXCELÊNCIA EM GESTÃO E TECNOLOGIA, 4., 2007, Rio de Janeiro. Anais... Rio de Janeiro: [s.n.], 2007.

ARMENAKIS, A. A.; BEDEIAN, A. G. Organizational Change: A Review of Theory and Research in the 1990s. Journal of Management, v. 25, n. 3, p. 293-315, June 1999.

AS MELHORES empresas para você trabalhar 2014. Exame, São Paulo, 2014. Disponível em: <http://exame.abril.com.br/revista-voce-sa/melhores-empresas-para-trabalhar/inscricoes/2014/index.shtml>. Acesso em: 17 mar. 2014.

BARBOSA, L. O jeitinho brasileiro: a arte de ser mais igual que os outros. Rio de Janeiro: Campus, 1992.

BARRETO, E. F. Estilos gerenciais e o impacto das organizações. 232 f. Tese (Doutorado em Administração) – Universidade Federal da Bahia, Salvador, 2003.

BEDANI, M. Clima organizacional: investigação e diagnóstico – estudo de caso em agência de viagens e turismo. Psicología para América Latina, México, n. 7, ago. 2006. Disponível em: <http://psicolatina.org/Siete/clima.html>. Acesso em: 29 abr. 2014.

BEER, M. (Org.). Gerenciando mudança e transição. Rio de Janeiro: Record, 2002.

BISPO, C. A. F. Um novo modelo de pesquisa de clima organizacional. Produção, v. 16, n. 2, p. 258-273, maio/ago. 2006. Disponível em: <http://www.scielo.br/pdf/prod/v16n2/06.pdf>. Acesso em: 17 mar. 2014.

BRUNO-FARIA, M. F. Criatividade, inovação e mudança organizacional. In: LIMA, S. M. V. (Org.). Mudança organizacional: teoria e gestão. Rio de Janeiro: FGV, 2003. p. 111-141.

CALDAS, M. P.; WOOD JR., T. Inovações gerenciais em ambientes turbulentos. In: WOOD JR., T. (Coord.). Mudança organizacional: aprofundando temas atuais em administração de empresas. São Paulo: Atlas, 2000. p. 75-95.

CARVALHO, C. E.; RONCHI, C. C. Cultura organizacional: teoria e pesquisa. Rio de Janeiro: Fundo de Cultura, 2005.

CASAGRANDE, R. M. Dimensões da cultura organizacional no modelo de Hofstede: estudo em uma empresa brasileira internacionalizada. 104 f. Dissertação (Mestrado em Administração) – Universidade Regional de Blumenau, Blumenau, 2009. Disponível em: <http://www.dominiopublico.gov.br/download/texto/cp096785.pdf>. Acesso em: 29 abr. 2014.

CHU, R. A. Modelo contemporâneo da gestão à brasileira. São Paulo: Cengage Learning, 2010.

CODA, R. Pesquisa de clima organizacional e gestão estratégica de recursos humanos. In: BERGAMINI, C. W.; CODA; R. (Org.). Psicodinâmica da vida organizacional: motivação e liderança. São Paulo: Atlas, 1997. p. 117-191.

COULON, A. Ethnomethodology. London: Sage Publications, 1995. (Qualitative Research Methods Series).

CYRINO, A. B.; TANURE, B. Trajetórias das multinacionais brasileiras: lidando com obstáculos, desafios e oportunidades no processo de internacionalização. In: RAMSEY, J.; ALMEIDA, A. (Org.). A ascensão das multinacionais brasileiras: o grande salto de pesos-pesados regionais a verdadeiras multinacionais. Belo Horizonte: Fundação Dom Cabral, 2009. p. 11-38.

FAORO, R. Os donos do poder: formação do patronato político brasileiro. 3. ed. São Paulo: Globo, 2001.

FERREIRA, P. A. et al. Simbolismo organizacional e o sentido da morte do fundador: um estudo de caso. In: ENCONTRO DA ANPAD, 30., 2006, Salvador. Anais... Salvador: Anpad, 2006. Disponível em: <http://www.anpad.org.br/enanpad/2006/dwn/enanpad2006-eorb-1946.pdf>. Acesso em: 5 abr. 2014.

FIAT. Institucional: gestão. Disponível em: <http://www.fiat.com.br/institucional/gestao.html>. Acesso em: 17 mar. 2014.

FLEURY, M. T. L. (Org.). As pessoas na organização. São Paulo: Gente, 2002.

FLEURY, M. T. L.; FISCHER, R. M. (Coord.). Cultura e poder nas organizações. 2. ed. São Paulo: Atlas, 1996.

FREITAS, A. B. de. Traços brasileiros para uma análise organizacional. In: MOTTA, F. C. P.; CALDAS, M. P. Cultura organizacional e cultura brasileira. São Paulo: Atlas, 1997. p. 42-54.

GREENWOOD, R.; HININGS, C. R. Understanding Radical Organizational Change: Bringing Together the Old and the New Institutionalism. Academy of Management Review, New York, v. 21, n. 4, p. 1022-1054, Oct. 1996.

GUERREIRO RAMOS, A. Administração e contexto brasileiro: esboço de uma teoria geral da administração. 2. ed. Rio de Janeiro: FGV, 1983.

GUROVITZ, H. O poderoso Wal-Mart: como um empório interiorano se transformou na maior e mais influente empresa do mundo. Exame, São Paulo, ed. 848, ano 39, n. 15, ago. 2005. Disponível em: <http://exame.abril.com.br/revista-exame/edicoes/0848/notícias/o-poderoso-wal-mart-m0079996>. Acesso em: 29 abr. 2014

HAMPTON, D. R. Administração: comportamento organizacional. São Paulo: Makron Books, 1990.

HASHIMOTO, M. Organizações intraempreendedoras: construindo a ponte entre clima interno e desempenho superior. 363f. Tese (Doutorado em Administração de Empresas) – Escola de Administração de Empresas de São Paulo da Fundação Getúlio Vargas, São Paulo, 2009. Disponível em: <http://bibliotecadigital.fgv.br/dspace/bitstream/handle/10438/4552/71060100726.pdf?sequence=1>. Acesso em: 17 mar. 2014.

HATCH, M. J.; CUNLIFFE, A. L. Organization Theory: Modern, Symbolic and Postmodern Perspectives. New York: Oxford University Press, 2006.

HOLANDA, S. B. de Raízes do Brasil. 26. ed. São Paulo: Companhia das Letras, 1995.

HORTON, P. B.; HUNT, C. L. Sociologia. São Paulo: McGraw-Hill do Brasil, 1980.

LAWLER III, E. E.; WORLEY, C. G. Why Built Organizations to Change. In: LAWLER III, E. E.; WORLEY, C. G. Built to Change: How to Achieve Sustained Organizational Effectiveness. San Francisco: Jossey-Bass, 2006. p. 1-22.

LEMOS, D. M. R. Avaliação de clima organizacional e a análise da relação entre a variável comportamento das chefias e as demais variáveis de clima: um estudo no call center da Dacasa Financeira. 71 f. Dissertação (Mestrado em Ciências Contábeis) – Fundação Instituto Capixaba de Pesquisas em Contabilidade, Economia e Finanças, Vitória, 2007. Disponível em: <http://www.fucape.br/_public/producao_cientifica/8/Dissertacao%20Denise%20Lemos.pdf>. Acesso em: 17 mar. 2014.

LIMA, S. M. V.; BRESSAN, C. L. Mudança organizacional: uma introdução. In: LIMA, S. M. V. (Org.). Mudança organizacional: teoria e gestão. Rio de Janeiro: FGV, 2003. p. 18-63.

LOURENÇO, C. D. da S.; FERREIRA, P. A. Cultura organizacional e mito fundador: um estudo de caso em uma empresa familiar. Gestão & Regionalidade, v. 28, n. 84, p. 61-76, set./dez. 2012.

LUZ, R. S. Gestão do clima organizacional: proposta de critérios para metodologia de diagnóstico, mensuração e melhoria – estudo de caso em organizações nacionais e multinacionais localizadas na cidade do Rio de Janeiro. 182 f. Dissertação (Mestrado em Sistemas de Gestão) – Universidade Federal Fluminense, Rio de Janeiro, 2003.

MACHADO-DA-SILVA, C. L. et al. Institucionalização da mudança na sociedade brasileira: o papel do formalismo. In: VIEIRA, M. M. F.; CARVALHO, C. A. Organizações, instituições e poder no Brasil. Rio de Janeiro: FGV, 2003. p. 179-202.

MAXIMIANO, A. C. A. Introdução à administração. São Paulo: Atlas, 1995.

MOTTA, F. C. P.; CALDAS, M. P. Cultura organizacional e cultura brasileira. São Paulo: Atlas, 1997.

MOTTA, P. R. Transformação organizacional: a teoria e a prática de inovar. Rio de Janeiro: Qualitymark, 1999.

O'REILLY, C. A.; CHATMAN, J. A. Culture as Social Control: Corporations, Cults, and Commitment. Greenwich: JAI Press, 1996.

OLIVEIRA, M. A. Pesquisas de clima interno nas empresas: o caso dos desconfiômetros avariados. São Paulo: Nobel, 1995.

OLIVEIRA, P. T.; MACHADO-DA-SILVA, C. L. Características culturais nacionais em organizações industriais do setor alimentício paranaense. Organizações & Sociedade, v. 8. n. 22, p. 27-48, set./dez. 2001.

ORLIKOWSKI, W. Improvising Organizational Transformation Over Time: a Situated Change Perspective. Information Systems Research, Catonsville, v. 7, n. 1, p. 63-92, Mar. 1996.

PASETTO, N. S. V.; MESADRI, F. E. Comportamento organizacional: integrando conceitos da administração e da psicologia. Curitiba: Intersaberes, 2012.

PETTIGREW, A. M. A cultura das organizações é administrável? In: FLEURY, M. T. L.; FISCHER, R. M. (Coord.). Poder e cultura nas organizações. São Paulo: Atlas, 1996. p. 145-171.

PETTIGREW, A. M.; WOODMAN, R. W.; CAMERON, K. S. Studying Organizational Change and Development: Challenges for Future Research. Academy of Management Journal, New York, v. 44, n. 4, p. 697-713, 2001.

POOLE, M. S. Central Issues in the Study of Change and Innovation. In: POOLE, M. S.; VAN DE VEN, A. H. (Ed.). Handbook of Organizational Change and Innovation. Oxford: Oxford University Press, 2004. p. 3-31.

PRATES, M. A. S.; BARROS, B. T. O estilo brasileiro de administrar. In: MOTTA, F. C. P.; CALDAS, M. P. Cultura organizacional e cultura brasileira. São Paulo: Atlas, 1997. p. 56-69.

RIZZATTI, G. Categorias de análise de clima organizacional em universidades federais brasileiras. 307 f. Tese (Doutorado em Engenharia de Produção) – Universidade Federal de Santa Catarina, Florianópolis, 2002. Disponível em: <https://repositorio.ufsc.br/bitstream/handle/123456789/84206/186334.pdf?sequence=1>. Acesso em: 14 maio 2013.

ROBBINS, S. P. Comportamento organizacional. 11. ed. São Paulo: Pearson Prentice Hall, 2005.

ROBBINS, S. P.; JUDGE, T. A.; SOBRAL, F. Comportamento organizacional: teoria e prática no contexto brasileiro. 14. ed. São Paulo: Pearson Prentice Hall, 2010.

ROBERTSON, P. J.; ROBERTS, D. R.; PORRAS, J. I. Dynamics of Planned Organizational Change: Assessing Empirical Support for a Theoretical Model. Academy of Management Journal, New York, v. 36, n. 3, p. 619-634, 1993.

SBRAGIA, R. Um estudo empírico sobre clima organizacional em instituições de pesquisa. Revista de Administração, v. 18, n. 2, p. 30-39, abr./jun. 1983.

SCHEIN, E. H. Organizational Culture and Leadership. 6. ed. San Francisco: Josey-Bass, 2009.

SHIMONISHI, J. da S.; MACHADO-DA-SILVA, C. L. A influência de traços culturais nas atividades gerenciais de organizações altamente estruturadas. Administração em Diálogo, n. 4, p. 3-22, dez. 2003.

SOUZA, C. P. da S. Processo de intraempreendedorismo e mudança organizacional: o caso da criação e implantação de um programa de pós-graduação em uma instituição de ensino superior pública em Curitiba-PR. 186 f. Dissertação (Mestrado em Administração) – Universidade Federal do Paraná, Curitiba, 2012. Disponível em: <http://dspace.c3sl.ufpr.br/dspace/bitstream/handle/1884/28302/R%20-%20D%20-%20CARLA%20PATRICIA%20DA%20SILVA%20SOUZA.pdf?sequence=1>. Acesso em: 20 dez. 2013.

SOUZA, J. A ética protestante e a ideologia do atraso brasileiro. In: SOUZA, J. (Org.). O malandro e o protestante: a tese weberiana e a singularidade cultural brasileira. Brasília: Ed. da UnB, 1999. p. 17-54.

STEFANO, S. R.; ZAMPIER, M. A.; MAÇANEIRO, M. B. Satisfação no trabalho e indicadores de clima organizacional: um estudo de multicasos na região central do Paraná. In: SEMINÁRIOS EM ADMINISTRAÇÃO, 10., 2007, São Paulo. Anais... São Paulo: Ed. da USP, 2007.

STREBEL, P. Por que os empregados resistem à mudança? In: ____. Mudança. Rio de Janeiro: Campus, 1999. p. 43-60.

TOMEI, P. A gerência da cultura como ferramenta de competitividade. Departamento de Administração/IAG – PUC-Rio, 1994. Documento de trabalho.

TSOUKAS, H.; CHIA, R. On Organizational Becoming: Rethinking Organizational Change. Organization Science, Catonsville, v. 13, n. 5, p. 567-582, Sept./Oct. 2002.

VAN DE VEN, A. Suggestions for studying strategy process: A research note. Strategic Management Journal, Chicago, v.13, p.169-188, July 1992.

VAN DE VEN, A. H; POOLE, M. S. Explaining Development and Change in Organizations. The Academy of Management Review, New York, v. 20, n. 3, p. 510-540, July 1995.

WAGNER III, J. A.; HOLLENBECK, J. R. Comportamento organizacional: criando vantagem competitiva. São Paulo: Saraiva, 2003.

WEICK, K. E.; QUINN, R. E. Organizational Change and Development. Annual Review of Psychology, v. 50, p. 361-386, Feb. 1999.

WOOD JR., T. Mudança organizacional: introdução ao tema. In: WOOD JR., T. Mudança organizacional: aprofundando temas atuais em administração de empresas. São Paulo: Atlas, 2000. p. 17-33.

WOOD JR., T.; CURADO, I. B.; CAMPOS, H. M. Vencendo a crise: mudança organizacional na Rhodia Farma. In: WOOD JR., T. Mudança organizacional: aprofundando temas atuais em administração de empresas. São Paulo: Atlas, 2000. p. 210-238.

Modelo de instruções para o preenchimento da pesquisa de clima organizacional

Anexo A

Introdução ao preenchimento das fichas de pesquisa e da folha avulsa

Para que uma empresa se torne moderna, com produtos e serviços competitivos, qualidade comprovada e imagem consolidada, como é exigido pelo mercado atualmente, é necessário que a empresa mantenha um bom relacionamento não somente com os clientes, mas também com seus funcionários. Uma forma de avaliar esse relacionamento é por meio da aplicação de uma pesquisa de clima organizacional.

Todos os funcionários receberão o material que faz parte da pesquisa, porém a sua participação é voluntária, ou seja, se você não quiser participar, não será obrigado a fazê-lo. Contudo, quanto maior for a participação, melhores serão a apuração do cenário traçado e o trabalho feito para que eventuais distorções no relacionamento entre a empresa e os funcionários sejam corrigidas.

Observe todas as folhas deste material e verifique que não existe qualquer espaço reservado para a sua identificação. No entanto, caso você queira identificar-se, não há problemas.

Você ou qualquer outro funcionário jamais poderá ser prejudicado por ter participado da pesquisa e fornecido informações valiosas para a avaliação do relacionamento entre a empresa e os funcionários – mesmo porque, como não é exigida qualquer identificação, não há a possibilidade nem a intenção de descobrir a avaliação individual de qualquer funcionário. Ainda que a análise final dos resultados demonstre que existe uma enorme e perigosa insatisfação dos funcionários com a empresa, não haverá qualquer represália ou outro tipo de retorno prejudicial a você ou outro funcionário.

Este material que você e todos os demais funcionários estão recebendo é composto por duas fichas de pesquisa e uma folha avulsa para as suas observações. Nas fichas de pesquisa são levantados os fatores que influenciam, de forma direta ou indireta, o relacionamento entre os funcionários e a empresa, ou seja, nosso comportamento e nossas decisões e atitudes, normalmente alterando para melhor ou pior nosso estado de ânimo, nosso humor e nossa motivação.

Existem dois tipos de fatores de influência: os internos e os externos. Os fatores internos de influência se originam dentro da própria empresa e podem ser trabalhados para que produzam resultados positivos tanto para os funcionários quanto para a empresa. Eles são os itens que constam na primeira ficha de pesquisa. Após o levantamento da situação de cada item por meio da pesquisa, será possível elaborar planos de ação visando aprimorar os itens que receberem uma avaliação negativa e reforçar os itens que receberem uma avaliação positiva.

Os fatores externos de influência se originam fora da empresa, mas exercem influência nos funcionários dentro da empresa e, por isso, não podem ser desprezados. Esses fatores podem ser trabalhados pela empresa não em sua origem, mas nos efeitos que produzem nos funcionários. São os itens que constam na segunda ficha de pesquisa. Após o levantamento da situação de cada item por meio da pesquisa, será possível elaborar planos de ação a fim de amenizar a ação negativa dos itens que forem mal avaliados.

Para cada item que consta nas duas fichas de pesquisa existem três alternativas de resposta. Você precisará marcar com um X uma única alternativa para cada item. As três alternativas são:

- Alternativa 1: **sim** – Marque essa alternativa se você concorda com a afirmação contida no item que está sendo avaliado.
- Alternativa 2: **mais ou menos** – Marque essa alternativa se você concorda apenas parcialmente com a afirmação contida no item que está sendo avaliado.

- Alternativa 3: **não** – Marque essa alternativa se você não concorda com a afirmação contida no item que está sendo avaliado.

Se você ficar em dúvida ao escolher a melhor alternativa de algum item, em virtude da necessidade de detalhar a sua opinião, você poderá fazer uso da folha avulsa, que se encontra logo após as duas fichas de pesquisa.

Você poderá preencher as fichas de pesquisa e a folha avulsa na empresa ou em casa. O importante é que você e os demais funcionários se manifestem de forma sincera e sem qualquer interferência ou influência de quem quer que seja (chefe, colegas de trabalho ou familiares), para que os dados fornecidos retratem, de forma mais fiel, a realidade do relacionamento entre a empresa e os funcionários. Assim, será possível traçar bons planos de ação para a correção das distorções. É importante que toda a pesquisa seja preenchida, porém os itens que você não souber ou não quiser responder podem ser deixados em branco.

Auxilie-nos! Todos serão beneficiados! Contamos com você!

Muito obrigado.

Fonte: BISPO, C. A. F. Um novo modelo de pesquisa de clima organizacional. Produção, v. 16, n. 2, p. 258-273, maio/ago. 2006. Disponível em: <http://www.scielo.br/pdf/prod/v16n2/06.pdf>. Acesso em: 17 mar. 2014.

Anexo B

Folha para sugestões

Folha avulsa para as suas observações

Nesta folha você pode relatar observações, comentários, reivindicações, queixas, críticas, sugestões ou elogios em relação a algum dos itens que constam nas fichas de pesquisa, no que concerne à empresa, ao departamento ou à seção em que você trabalha, bem como ao seu chefe imediato, à estrutura hierárquica, ao sistema de trabalho, às instalações, às condições de trabalho, às normas de trabalho, à forma de tratamento recebida de seus chefes, aos seus colegas de trabalho, ao seu ambiente de trabalho etc. Sinta-se à vontade para relatar e revelar tudo o que desejar sem constrangimentos. Lembre-se de que você não precisa identificar-se, a menos que queira fazê-lo. Suas observações serão valiosas para a pesquisa. Você pode utilizar a quantidade de linhas e folhas que forem necessárias.

_____
_____
_____
_____
_____
_____

Fonte: BISPO, C. A. F. Um novo modelo de pesquisa de clima organizacional. Produção, v. 16, n. 2, p. 258-273, maio/ago. 2006. Disponível em: <http://www.scielo.br/pdf/prod/v16n2/06.pdf>. Acesso em: 17 mar. 2014.

Instrumento de pesquisa de clima organizacional (fatores internos)

Anexo C

Ficha de pesquisa n. 1
Levantamento dos fatores internos de influência referentes ao relacionamento entre os funcionários e a empresa

Vida profissional

1. Sinto orgulho de trabalhar nesta empresa.
   ( ) não   ( ) mais ou menos   ( ) sim
2. Sinto orgulho da minha atividade nesta empresa.
   ( ) não   ( ) mais ou menos   ( ) sim
3. Acho que esta empresa me oferece um bom plano de carreira.
   ( ) não   ( ) mais ou menos   ( ) sim
4. Costumo indicar esta empresa como alternativa de emprego para meus amigos e parentes.
   ( ) não   ( ) mais ou menos   ( ) sim
5. Eu me preocupo com o futuro desta empresa.
   ( ) não   ( ) mais ou menos   ( ) sim
6. Considero que estou obtendo sucesso em minha carreira e vida profissional.
   ( ) não   ( ) mais ou menos   ( ) sim
7. Gostaria que meus filhos trabalhassem nesta empresa.
   ( ) não   ( ) mais ou menos   ( ) sim
8. Dependo apenas dos meus próprios esforços para obter o sucesso profissional nesta empresa.
   ( ) não   ( ) mais ou menos   ( ) sim
9. Os cursos e os treinamentos que fiz são suficientes para o exercício das minhas atividades.
   ( ) não   ( ) mais ou menos   ( ) sim

Estrutura organizacional
10. Eu confio plenamente no meu chefe imediato.
    ( ) não   ( ) mais ou menos   ( ) sim
11. O meu chefe imediato é um líder.
    ( ) não   ( ) mais ou menos   ( ) sim
12. O meu chefe imediato é a pessoa mais indicada para a função que ocupa.
    ( ) não   ( ) mais ou menos   ( ) sim
13. Estou satisfeito com a estrutura hierárquica (chefes e subordinados) a que estou vinculado.
    ( ) não   ( ) mais ou menos   ( ) sim

Incentivos profissionais
14. Considero que o meu trabalho é reconhecido e valorizado pela empresa.
    ( ) não   ( ) mais ou menos   ( ) sim
15. Considero que o meu trabalho é reconhecido e valorizado pela minha família.
    ( ) não   ( ) mais ou menos   ( ) sim
16. Considero que o meu trabalho é reconhecido e valorizado pelos meus amigos e parentes.
    ( ) não   ( ) mais ou menos   ( ) sim

Remuneração
17. Acho justo o meu salário atual.
    ( ) não   ( ) mais ou menos   ( ) sim
18. O meu patrimônio é condizente com os esforços que tenho feito pela empresa.
    ( ) não   ( ) mais ou menos   ( ) sim

Segurança profissional
19. Meu emprego é seguro na empresa, ou seja, não corro o risco de ser demitido sem motivo.
    ( ) não   ( ) mais ou menos   ( ) sim

Nível sociocultural
20. O meu nível cultural e intelectual é suficiente para o exercício das minhas atividades na empresa.

( ) não ( ) mais ou menos ( ) sim

21. O meu nível social é suficiente para o exercício das minhas atividades na empresa.

( ) não ( ) mais ou menos ( ) sim

Transporte dos funcionários

22. Tenho tido problemas com o transporte casa-empresa/empresa-casa.

( ) não ( ) mais ou menos ( ) sim

Ambiente de trabalho

23. O ambiente de trabalho favorece a execução das minhas atividades na empresa.

( ) não ( ) mais ou menos ( ) sim

24. O relacionamento com meus colegas de trabalho favorece a execução das minhas atividades na empresa.

( ) não ( ) mais ou menos ( ) sim

Burocracia

25. A burocracia adotada na empresa favorece a execução das minhas atividades na empresa.

( ) não ( ) mais ou menos ( ) sim

Cultura organizacional

26. A cultura organizacional (tradições, práticas e costumes adotados na empresa que não estão previstos em qualquer regra) adotada na empresa favorece a execução das minhas atividades na empresa.

( ) não ( ) mais ou menos ( ) sim

Assistência aos funcionários

27. A assistência de médico e dentista e a assistência social adotadas na empresa favorecem a execução das minhas atividades na empresa.

( ) não ( ) mais ou menos ( ) sim

Fonte: BISPO, C. A. F. Um novo modelo de pesquisa de clima organizacional. Produção, v. 16, n. 2, p. 258-273, maio/ago. 2006. Disponível em: <http://www.scielo.br/pdf/prod/v16n2/06.pdf>. Acesso em: 17 mar. 2014.

Instrumento de pesquisa de clima organizacional (fatores externos)

Ficha de pesquisa n. 2
Levantamento dos fatores externos de influência referentes ao relacionamento entre os funcionários e a empresa
Investimentos e despesas familiares 1. Eu me preocupo com o futuro da minha família. ( ) não ( ) mais ou menos ( ) sim 2. Eu me preocupo com o futuro dos meus filhos. ( ) não ( ) mais ou menos ( ) sim 3. Estou satisfeito com a alimentação que posso proporcionar à minha família. ( ) não ( ) mais ou menos ( ) sim 4. Estou satisfeito com a educação que estou podendo proporcionar aos meus filhos. ( ) não ( ) mais ou menos ( ) sim
Convivência familiar 5. Estou vivendo bem com a minha esposa/companheira ou o meu marido/companheiro. ( ) não ( ) mais ou menos ( ) sim 6. Estou vivendo bem com os meus filhos. ( ) não ( ) mais ou menos ( ) sim
Situação financeira 7. Estou satisfeito com a minha residência. ( ) não ( ) mais ou menos ( ) sim 8. Estou satisfeito com o meu carro. ( ) não ( ) mais ou menos ( ) sim

Anexo D

9. Estou satisfeito com o vestuário que estou podendo proporcionar à minha família.
( ) não   ( ) mais ou menos   ( ) sim
10. Estou com a minha situação financeira em ordem.
( ) não   ( ) mais ou menos   ( ) sim
11. Estou satisfeito com o meu patrimônio.
( ) não   ( ) mais ou menos   ( ) sim

Vida social
12. Estou satisfeito com o meu nível social.
( ) não   ( ) mais ou menos   ( ) sim
13. Estou satisfeito com o meu convívio social.
( ) não   ( ) mais ou menos   ( ) sim
14. Estou satisfeito com o meu nível intelectual.
( ) não   ( ) mais ou menos   ( ) sim
15. Estou satisfeito com o meu nível cultural.
( ) não   ( ) mais ou menos   ( ) sim
16. Estou satisfeito com a minha religião.
( ) não   ( ) mais ou menos   ( ) sim

Saúde
17. Estou satisfeito com as minhas práticas desportivas.
( ) não   ( ) mais ou menos   ( ) sim
18. Estou satisfeito com o meu estado físico.
( ) não   ( ) mais ou menos   ( ) sim
19. Estou satisfeito com o meu estado mental.
( ) não   ( ) mais ou menos   ( ) sim

Convivência familiar
20. Estou satisfeito com a minha vida afetiva.
( ) não   ( ) mais ou menos   ( ) sim
21. Estou satisfeito com a minha vida sexual.
( ) não   ( ) mais ou menos   ( ) sim

Time de futebol

22. Estou satisfeito com o time de futebol para o qual eu torço.

( ) não ( ) mais ou menos ( ) sim

Férias e lazer

23. Estou satisfeito com as minhas últimas férias.

( ) não ( ) mais ou menos ( ) sim

24. Estou planejando para que as minhas próximas férias sejam muito boas.

( ) não ( ) mais ou menos ( ) sim

Segurança pública

25. Estou satisfeito com o atual estágio da segurança pública.

( ) não ( ) mais ou menos ( ) sim

26. A corrupção altera o meu estado de ânimo.

( ) não ( ) mais ou menos ( ) sim

27. A violência altera o meu estado de ânimo.

( ) não ( ) mais ou menos ( ) sim

28. A impunidade altera o meu estado de ânimo.

( ) não ( ) mais ou menos ( ) sim

Política e economia

29. Estou satisfeito com o atual estágio da política nacional.

( ) não ( ) mais ou menos ( ) sim

30. Estou satisfeito com o atual estágio da política estadual.

( ) não ( ) mais ou menos ( ) sim

31. Estou satisfeito com o atual estágio da política municipal.

( ) não ( ) mais ou menos ( ) sim

32. As crises políticas alteram o meu estado de ânimo.

( ) não ( ) mais ou menos ( ) sim

33. As crises econômicas alteram o meu estado de ânimo.

( ) não ( ) mais ou menos ( ) sim

34. As crises internacionais alteram o meu estado de ânimo.

( ) não ( ) mais ou menos ( ) sim

Fonte: BISPO, C. A. F. Um novo modelo de pesquisa de clima organizacional. Produção, v. 16, n. 2, p. 258-273, maio/ago. 2006. Disponível em: <http://www.scielo.br/pdf/prod/v16n2/06.pdf>. Acesso em: 17 mar. 2014.

Anexo E

Instrumento de pesquisa de clima organizacional

- Leia as questões atentamente e assinale com um X a alternativa que melhor expressa sua opinião.
- Para cada questão, assinale somente uma opção de resposta.
- Não deixe nenhuma questão sem resposta.

Lembre-se:
1. Suas respostas são totalmente confidenciais, por isso não escreva o seu nome.
2. Cada pergunta deve ter apenas uma resposta.

Área de atuação: ( ) Setor A   ( ) Setor B   ( ) Setor C

Tempo total de serviço na empresa:
( ) 1 a 5 anos   ( ) 6 a 10 anos   ( ) Mais de 10 anos

	Discordo totalmente	Discordo	Nem concordo nem discordo	Concordo	Concordo totalmente
1. Este é um lugar agradável para trabalhar.					
2. Eu recebo os equipamentos e recursos necessários para realizar meu trabalho.					
3. Este é um lugar fisicamente seguro para trabalhar.					
4. Todos aqui têm a oportunidade de receber um reconhecimento especial.					

	Discordo totalmente	Discordo	Nem concordo nem discordo	Concordo	Concordo totalmente
5. As pessoas aqui estão dispostas a dar mais de si para concluir um trabalho.					
6. Pode-se contar com a colaboração das pessoas.					
7. A liderança deixa claro o que ela espera do nosso trabalho.					
8. Posso fazer qualquer pergunta razoável para os chefes e obter respostas diretas.					
9. Oferecem-me treinamento e oportunidade de desenvolvimento para o meu crescimento profissional.					
10. A liderança demonstra reconhecimento/agradecimento pelo bom trabalho e pelo esforço extra.					
11. As pessoas são pagas adequadamente pelo serviço que desempenham.					
12. E fácil aproximar-se da liderança e falar com ela.					
13. A liderança está interessada nas ideias e sugestões que damos e toma medidas com base nelas.					

	Discordo totalmente	Discordo	Nem concordo nem discordo	Concordo	Concordo totalmente
14. Quando vejo o que fazemos por aqui, sinto orgulho.					
15. Eu acredito que os critérios de participação nos lucros são justos.					
16. A liderança tem uma visão clara sobre a direção para a qual estamos indo e como chegar aos objetivos.					
17. A liderança confia no bom trabalho das pessoas sem precisar vigiá-las.					
18. A liderança evita favorecer uns em detrimentos de outros.					
19. A liderança sabe coordenar pessoas e distribuir tarefas adequadamente.					
20. Em geral, a liderança dá muita autonomia às pessoas.					
21. Este é um lugar psicológica e emocionalmente saudável para trabalhar.					
22. As pessoas têm vontade de vir para o trabalho.					
23. Posso ser eu mesmo por aqui.					

	Discordo totalmente	Discordo	Nem concordo nem discordo	Concordo	Concordo totalmente
24. A liderança cumpre o que promete.					
25. As pessoas são bem tratadas.					
26. As pessoas se importam umas com as outras.					
27. A liderança age de acordo com o que fala.					
28. Tenho orgulho de contar a outras pessoas que trabalho aqui.					
29. Existe um sentimento de "família" ou de "equipe" por aqui.					
30. As pessoas são encorajadas a equilibrar a sua vida profissional e pessoal.					
31. Se eu for tratado injustamente, acredito que serei ouvido e acabarei obtendo justiça.					
32. Temos benefícios especiais e personalizados aqui.					
33. Nós sempre comemoramos eventos especiais.					

	Discordo totalmente	Discordo	Nem concordo nem discordo	Concordo	Concordo totalmente
34. As pessoas evitam fazer "politicagem" como forma de obter resultados.					
35. A liderança é competente para levar adiante o negócio.					
36. Sinto que estamos todos "no mesmo barco".					
37. A liderança é honesta e ética na condução dos negócios.					
38. Eu sou bem tratado, independentemente de minha posição.					
39. Sinto que eu sou valorizado aqui e que posso fazer a diferença.					
40. Nossas instalações contribuem para um bom ambiente de trabalho.					
41. Este é um lugar divertido para trabalhar.					
42. Pretendo trabalhar aqui por muito tempo.					

Fonte: LEMOS, D. M. R. Avaliação de clima organizacional e a análise da relação entre a variável comportamento das chefias e as demais variáveis de clima: um estudo no call center da Dacasa Financeira. 71 f. Dissertação (Mestrado em Ciências Contábeis) – Fundação Instituto Capixaba de Pesquisas em Contabilidade, Economia e Finanças, Vitória, 2007. Disponível em: <http://www.fucape.br/_public/producao_cientifica/8/Dissertacao%20Denise%20Lemos.pdf>. Acesso em: 17 mar. 2014.

Capítulo 1

Questões para revisão

1. c
2. a
3. d
4. O fato de existirem várias subculturas não invalida a existência de uma cultura predominante em uma empresa.
5. O fundador traz suas ideologias e restrições de costumes e as compartilha com os funcionários que entraram depois, na posição de seus empregados. Esse grupo compartilha, portanto, os sonhos iniciais da empresa.

Questões para reflexão

1. A cultura organizacional pode ser transmitida por meio de seus elementos, expostos na Seção 1.6. Desse modo, é interessante que você procure identificar, na organização em que trabalha, os elementos da cultura organizacional.
2. A Seção 1.4 apresenta inúmeras funções da cultura organizacional. A principal delas é manter a coesão social, possibilitando que todos busquem um mesmo objetivo. Contudo, a função da cultura organizacional é também possibilitar a solução de problemas de integração interna e adaptação externa.

3. Os fundadores exercem uma forte influência sobre a cultura organizacional, pois foi por meio de suas iniciativas que as bases da organização foram criadas. Muitas vezes, a influência do fundador é tão forte que, mesmo após a sua morte, seus valores continuam sendo repassados a outros membros.

4. Um exemplo é a organização hospitalar. Nesse tipo de organização, a cultura dominante é composta pela classe médica; as subculturas são as outras classes que coexistem dentro do hospital (enfermeiros, farmacêuticos, fisioterapeutas, administradores, entre outros).

5. No Quadro 1.4 foram apresentadas tipologias de ritos. Com certeza, em algum momento de sua vida, você já participou de algum dos eventos exemplificados.

Capítulo 2

Questões para revisão

1. d
2. d
3. d
4. Sociedades femininas: atenção e cuidado pelos outros; trabalha-se para viver. Sociedades masculinas: os gestores são decisivos e autoafirmativos; simpatia pelos mais fortes; os conflitos são resolvidos por meio do confronto.
5. "Jeitinho" brasileiro.

Questões para reflexão

1. Na Seção 2.4 foram apresentados os seguintes traços culturais brasileiros: coletivismo, lealdade às pessoas, aversão ao conflito, personalismo, cordialidade, malandragem, formalismo, "jeitinho", flexibilidade, desigualdade de poder, postura de espectador, plasticidade, paternalismo e orientação a curto prazo. Desse modo, você irá identificar quais desses traços estão presentes na empresa em que você trabalha ou já trabalhou.

2. Existem organizações com traços de sociedades femininas e masculinas. De forma simples, podemos dizer que as organizações femininas são pautadas nas relações harmônicas, ao passo que as organizações masculinas são pautadas nos resultados. Você também poderá encontrar organizações que apresentam elementos de sociedades tanto femininas quanto masculinas.

3. Quando pensamos em uma organização pública, normalmente pensamos em excesso de regras e burocracia. No outro extremo, temos a organização privada, que apresenta maiores autonomia e agilidade na realização de suas atividades. No Quadro 2.5 foram apresentadas algumas características de organizações públicas e privadas.

4. O "jeitinho" é um traço cultural brasileiro internacionalmente conhecido. É uma maneira de os brasileiros lidarem com o excesso de regras e leis que, muitas vezes, não refletem a realidade. Veja o seguinte exemplo: a lei de trânsito estabelece que é proibido avançar o sinal vermelho. No entanto, você poderia estar em uma região perigosa (na qual ocorrem vários assaltos) durante a madrugada. Podemos dizer que optar por avançar o sinal vermelho seria uma representação do "jeitinho" brasileiro.

5. O Quadro 2.6 apresenta os impactos dos traços culturais brasileiros nos processos de recursos humanos. Com base neles, você poderá identificar quais traços culturais influenciaram os momentos em que você participou de processos seletivos, de de integração e socialização, de avaliação de desempenho e de remuneração.

Capítulo 3

Questões para revisão

1. c

2. a

3. c

4. As organizações construídas para a mudança devem considerar as pessoas como indivíduos abertos e dispostos a aprender e experimentar coisas novas.

5. Os ajustes estratégicos envolvem o dia a dia das mudanças táticas, cuja finalidade é trazer novos clientes, além de melhorar produtos e serviços. As reorientações estratégicas, por sua vez, envolvem a alteração da estratégia existente e, em alguns casos, a adoção de uma nova estratégia.

Questões para reflexão

1. As pessoas, ou o capital humano, são vistas como recursos valiosos e fundamentais no processo de mudança.

2. A cultura organizacional pode ser alterada em um processo de mudança. Durante esse processo, é preciso analisar sua profundidade, sua extensão e as influências das pessoas.

3. Os gestores podem tomar diversas ações em relação à resistência. Entretanto, é preciso que eles tenham consciência sobre cada uma das fases da resistência à mudança antes de agirem. Na Seção 3.6 foram apresentadas formas de lidar com a resistência.

4. O líder tem o papel de conduzir o processo de mudança, motivando as pessoas a aderirem a elas.

5. A resistência à mudança indica cautela diante dos processos de mudanças. Além disso, é preciso ouvir os resistentes – afinal, não há ninguém melhor do que eles para apontar os aspectos negativos de uma mudança.

Capítulo 4

Questões para revisão

1. c
2. a
3. c
4. Dimensão *estresse*.
5. Dimensão *liderança*.

Questões para reflexão

1. O clima organizacional é o termômetro da organização, que a auxilia a identificar o grau de satisfação dos funcionários em relação a vários aspectos do trabalho dos profissionais e da própria organização.

2. O clima organizacional é favorável quando predominam na empresa atitudes positivas, como a boa comunicação interna, a integração entre departamentos, a tônica favorável, a alegria, a confiança, o entusiasmo e a dedicação.

3. O clima organizacional desfavorável pode causar tensões, discórdia, rivalidades, resistências às ordens, sabotagem, roubos, falta de participação, entre outros efeitos.

4. O clima neutro revela que as pessoas ainda não têm opinião formada sobre como percebem a organização em que trabalham. Isso requer dos profissionais a implantação de políticas de recursos humanos de forma mais pontual.

5. Nem sempre um único modelo é adequado às necessidades da organização. Por isso, você pode utilizar elementos dos 15 modelos apresentados neste capítulo para construir um instrumento alinhado às suas necessidades.

Capítulo 5

Questões para revisão

1. d
2. a
3. d
4. Café da manhã com o presidente, os diretores ou os gerentes.
5. Divulgação dos resultados da pesquisa e das ações que serão implementadas para todos os funcionários, em busca de melhorias na qualidade do clima.

Questões para reflexão

1. Os respondentes da pesquisa de clima organizacional poderiam sentir-se intimidados, gerando respostas que não condizem com a realidade. Por exemplo, se um dos indicadores da pesquisa de clima é *relacionamento com superiores*, o respondente ficaria constrangido de avaliar negativamente seu chefe, tendo em vista que este saberá sua resposta.

2. A pesquisa de clima organizacional é iniciada muito antes de sua aplicação propriamente dita. Inicia-se com a aprovação e o apoio da liderança para sua aplicação, seguindo pelas etapas de planejamento da pesquisa, levantamento das variáveis a serem consideradas (os modelos apresentados no Capítulo 4 podem auxiliá-lo nessa etapa), montagem e validação dos instrumentos, parametrização, divulgação da pesquisa, aplicação da pesquisa, tabulação, emissão dos relatórios, divulgação dos resultados e desenvolvimento do plano de ação.

3. Dependendo do porte da organização, poderia ser aplicada a pesquisa a todos os funcionários ou a apenas uma amostra. Contudo, destacamos que a amostra é a opção mais adequada, tendo em vista que nem sempre conseguimos a participação de todos, por motivos de férias, afastamentos, entre outros.

4. A situação conflituosa faz com que as pessoas tenham uma percepção demasiadamente negativa do trabalho e da organização.

5. Para a construção do plano de ação, é preciso que os resultados da pesquisa de clima sejam analisados, objetivando o levantamento das causas de insatisfação e do que pode ser feito para minimizar os resultados insatisfatórios. Vale lembrar que os resultados do plano de ação devem ser mensurados por meio

da comparação dos resultados atuais com pesquisas de clima organizacional futuras.

Estudo de caso

1. Não. Os gestores devem considerar o contexto local e a cultura nacional no gerenciamento de empresas multinacionais.

2. A cultura organizacional interfere na forma como as atividades são realizadas e no estado de espírito da organização. Se a cultura nacional for "esmagada" pela imposição de se adotar determinada cultura, isso poderá alterar a percepção dos funcionários sobre o trabalho e a organização.

3. A pesquisa de clima organizacional é uma alternativa viável para mapear as percepções dos funcionários. Todavia, recomenda-se que ela não seja realizada em momentos nos quais há um acúmulo de situações negativas – no caso estudado, uma insatisfação generalizada com a mudança. Portanto, nesse caso, não é adequado aplicar a pesquisa de clima organizacional. Douglas poderia utilizar outras alternativas para analisar o clima da organização (como as apresentadas no Capítulo 5, Seção 5.7).

Sobre a autora

Carla Patricia da Silva Souza é graduada em Administração pela Universidade Federal de Alagoas (Ufal) e mestre e doutoranda em Administração pela Universidade Federal do Paraná (UFPR). Tem experiência como docente nas áreas de ética e responsabilidade social, cultura e clima organizacional, *coaching* e *mentoring*, gestão de projetos e administração estratégica, em cursos de bacharelado e superiores de tecnologia. Atuou como assessora de gestão a coordenação geral e coordenação de tutoria em cursos a distância de bacharelado em Administração e de cursos superiores de tecnologia e pós-graduação lato sensu na área de gestão de recursos humanos. Foi consultora e gestora de recursos humanos, cargos nos quais foi responsável pela elaboração e gerenciamento de políticas de recrutamento e seleção, treinamento e desenvolvimento, avaliação de desempenho e plano de carreira. Além disso, é autora de artigos nacionais e internacionais nas áreas de administração estratégica e gestão estratégica em recursos humanos.

Impressão: BSSCARD
Julho/2014